D0762476

Ahora o nunca

Ahora o nunca

Las 5 claves para dar grandes pasos
en tu carrera profesional

ARANCHA RUIZ

conecta

Papel certificado por el Forest Stewardship Council®

Primera edición: octubre de 2019

© 2019, Arancha Ruiz
© 2019, Penguin Random House Grupo Editorial, S. A. U.
Travessera de Gràcia, 47-49. 08021 Barcelona

Printed in Spain — Impreso en España

ISBN: 978-84-16883-70-7
Depósito legal: B-17.428-2019

Compuesto en M. I. Maquetación, S. L.

Impreso en Gómez Aparicio, S. A.
Casarrubuelos (Madrid)

CN 83707

Penguin
Random House
Grupo Editorial

A todos los héroes de su «ahora»,
para que venzan los frenos y alcancen el éxito.
Y contribuyan con su talento
a la construcción de un futuro mejor para todos
y para todas

Índice

El porqué de este libro

He aconsejado a cientos, podría asegurar que incluso a miles de profesionales. Formal o informalmente, en una sesión, al teléfono, en una charla en torno a un café, en un taller o a la salida de clase, he dado incontables consejos a personas que han acudido a mí en busca de guía para crear y aprovechar sus mejores oportunidades profesionales. Ahora me doy cuenta de que empecé desde mi primera experiencia profesional, hace bastantes años, como directora adjunta de máster en el IE Business School. Entonces conceptos como «coaching» y «coaching de equipos» eran desconocidos, pero su contenido era algo habitual para los responsables de los másteres. Realizábamos incontables reuniones con alumnos y grupos de trabajo para activar su motivación y mejorar sus capacidades en el programa. Recuerdo muchas de esas conversaciones de tú a tú, con los equipos de trabajo. Cuando aprendían a superar las dificultades unidos se creaban lazos férreos entre ellos y, sobre todo, aumentaba la confianza de cada uno de los participantes. Aprendí que cuando se ayudaban, individualmente se beneficiaban.

Después me cambié al departamento de Admisiones y Marketing, que fue, sin yo saberlo, el germen de lo que es hoy mi actividad de consultora de talento y marca personal. Cuando decidí fundar mi propia empresa, Headhunter & Talentist, subconscientemente repliqué esta división: Headhunter sería la rama de selección de candidatos y Talentist, la de marca personal. Desde entonces, he realizado decenas de búsquedas como headhunter y más de quinientos casos de asesoramiento de marca personal. En la frase de presentación de mi web hice una declaración de principios: «Escucho y ayudo a conectar a quien escucho». El nombre de mi blog también iba cargado de significado: *Historias de cracks*. Porque tengo el convencimiento de que todas las personas son unas cracks en algo. Nunca he conocido a una persona sin talento ni a un líder sin marca personal. Me gusta narrar sus historias, darles visibilidad. Porque detrás de cada historia hay una persona y sus circunstancias. Un héroe que se antepone a sus adversidades cotidianas. Personas con talentos, retos y adversidades épicas, sea cual sea la dimensión y el contexto. Yo aprendo cada día de ellos con sus vivencias y comparto mis aprendizajes en mis clases, proyectos de consultoría, conferencias, artículos y libros.

Lo mejor de poseer una larga trayectoria es que, además de acumular experiencia, conocimiento y canas, la vida te regala poder conocer el desenlace de muchas de esas historias. Qué preocupaba a esas personas cuando las conocí, qué problemas afrontaban, qué estrategias usaron y cuáles funcionaron mejor. El seguir en contacto con algunas de ellas me ha permitido conocer sus peripecias y victorias, como las que relatan en estos emails:

Email de María:

¡Me ayudó mucho todo lo que me dijiste y sigo creciendo! Me ascendieron en marzo como responsable de Sourcing y mucha gente reconoce mis habilidades para dirigir proyectos.

¡Hasta he cambiado la frase en mi perfil de la empresa!
He puesto la de la película *The Greatest Showman*:
«*I am brave... this is me!*». ☺

Email de Patricia:

Retomé un camino que me encantaba y desde entonces
(va a hacer seis años, creo ;)) no he parado de trabajar (en la
medida de lo posible) para dirigirme hacia donde quería. Estoy
empezando, es cierto, pero me hace tan feliz todo lo que
estoy haciendo, que todo esfuerzo merece la pena con creces.
Siento que estoy donde tengo que estar, que estoy alineada con lo
que soy y lo que quiero (no sólo lo que debo) ;). Ahora, a seguir
aprendiendo, estudiando, trabajando... y a disfrutarlo también :)

Email de Mika:

El camino no ha sido fácil, considerando que tuve que empezar
prácticamente de cero en otro país; sin embargo, con optimismo,
mucho trabajo y paciencia, poco a poco se van viendo los frutos.

Detrás de cada uno de estos emails de María, Patricia y Mika
hay una preciosa historia de superación. De talento y valentía. En
ellos, como en cada uno de nosotros, hay un héroe capaz de emerger cuando la situación así lo exige. Y cuando lo hace, no es sólo
para recibir aplausos y salvas. El beneficio no es sólo para esa persona y para los que la quieren. También para los que no los conocen y reciben los efectos positivos de su acción. El beneficio es
para todos. Todas las personas son héroes que transitan en la vida
como personas aparentemente corrientes. Aprendiendo, explorando, haciendo aliados, perseverando para alcanzar sus sueños.
Hasta que un día se ven frente a una situación de disyuntiva, un

reto, una ocasión en la que sólo superando miedos y sacando lo mejor de sí mismos lograrán salir triunfantes. Un proceso que resulta ser de gran crecimiento individual, y también colectivo. Porque al superarse ellos, también impulsan los equipos en los que están. Sus organizaciones. Y la sociedad en la que vivimos. Son héroes que aprovechan oportunidades.

Lamentablemente hay ocasiones en que, aun teniendo las capacidades para dar el paso hacia el éxito, algunas personas no lo hacen. Se contienen.

Mi objetivo durante estos años ha sido detectar y activar el clic interior que mueve el talento y evitar que se limitasen. Durante esa búsqueda aprendí a identificar síntomas que indicaban la existencia de unos frenos que paralizaban y, asimismo, cada caso me ayudó a desarrollar estrategias cada vez más afinadas para superarlos. El paso del tiempo mostraba su eficacia. Completé mi investigación gracias a una encuesta a un grupo seleccionado de casi cien profesionales. El resultado: siete palancas que, solas o combinadas, activan el clic de la acción para el impulso del talento. También descubrí que la casualidad me brindaba una ocasión más para profundizar incluyendo la perspectiva de género. La proporción de mujeres y hombres entre mis clientes resultó ser prácticamente mitad y mitad. Literal. De 248 clientes (a diciembre de 2018) que han realizado conmigo programas individuales de *career advisory* —asesoramiento de carrera— y marca personal, el 50,5 % han sido mujeres y el 49,5 %, hombres. Te preguntarás: ¿encontré alguna diferencia? La respuesta es: sí y no. No, en cuanto a los frenos del talento que impiden la acción, que son los mismos sea cual sea el género. Sí, en cuanto a los recursos y energías que las personas han de dedicar para superarlos. Porque las mujeres requieren de más, de muchos más para vencer a «tres adversarios de género» que los hombres no tienen. En el último capítulo del libro los abordaremos.

El talento es acción. Sin acción no hay talento, sino promesa de talento. ¿Qué limita la acción? Cinco frenos que descubrirás capítulo a capítulo durante el libro. Cinco frenos que, al ser superados, se convierten en las cinco claves del éxito que transforma personas aparentemente corrientes en héroes. Pero saber reconocerlo o entender cómo funciona es una cosa y saber hacerlo funcionar, otra. Para activar el clic es necesario un proceso de análisis, reflexión y aprendizaje. Es el «viaje del héroe», que en el ámbito del talento es la carrera profesional. La carrera profesional no es un destino, es un camino. Puede que no encuentres tu sitio a la primera, a la segunda, ni a la tercera. La búsqueda continua es el fin, no el medio. Porque el día que llegas a la meta sin nada más que recorrer, o estás jubilado dando de comer a las palomas o en una caja de pino.

Ahora o nunca explica el camino de ese descubrimiento. Incluye mi propio proceso de aprendizaje y el de tantas mujeres y hombres a los que he visto sobreponerse a circunstancias difíciles, a disyuntivas críticas para alzarse con la victoria de elegir el mejor camino para su talento. Para ser héroes. Es un libro en el que quiero compartir contigo las claves para detectar los frenos ocultos —y, por ende, nada obvios— que ralentizan el éxito para que puedas aplicarlo a ti y también para que puedas ayudar a otros a superarlos. Es un libro de ayuda y de coayuda. Para respetar la privacidad de sus protagonistas, los nombres han sido modificados. Hay muchas «historias de cracks» y notarás una mayor presencia de las protagonizadas por mujeres. He decidido priorizarlas por tres motivos. El primero es porque llevamos años aprendiendo del talento y del liderazgo empresarial por medio del ejemplo casi exclusivo de hombres sin que a nadie le haya importado. Que no importe ahora tampoco que dé más visibilidad a las mujeres. Segundo, porque las mujeres que han activado las cinco claves del éxito vencieron, además, a los «tres adversarios de género». Una gesta inspiradora para cualquier sexo. Y tercero, porque conozco más desenlaces de mujeres porque me han escrito más que los hombres para contarme sus éxitos. Se dice que suelen achacar sus logros más a la intervención de otros que a sus propios esfuerzos (o al menos en mayor proporción que los hombres). Para mí el mayor agradecimiento es que recorran su camino profesional sintiéndose realizados. Mi éxito es su éxito.

Te invito a que te inspires con sus historias y detectes indicios para superar tus frenos. Que actives tu clic interior. Porque tú también puedes ser un héroe de tu momento.

1
Los héroes de su momento

Decidir es vivir

Imagina la siguiente situación: viajas al volante de un coche autónomo, de esos que poseen un ordenador a bordo que puede guiarlo solo. Quieres llegar al destino de la felicidad. Sabes que hay un camino a tu derecha con unas bonitas vistas, hace años lo recorriste y te apetecería transitarlo de nuevo. En un momento dado observas a un niño caminando hacia ti por el arcén. Tomas momentáneamente los mandos del coche y comienzas a reducir la velocidad y a invadir ligeramente el carril contrario para dejarle más espacio. No has puesto el intermitente; en su lugar, has bajado la ventanilla y has sacado la mano. Haces señas para advertir de tu maniobra mientras sientes las cosquillas del viento en tu brazo. El ordenador revisa toda tu acción: el camino de la derecha es tres minutos más largo que el de la izquierda. Una voz metálica te recuerda que estás haciendo algo ineficiente porque vas a consumir gasolina y tiempo innecesario. Te hace sentir mal. Corrige la velocidad y también tu posición en el carril: el peatón tiene espacio suficiente y el riesgo de colisión es bajo. Convierte tu coche en un vehículo más de la carretera, en uno más yendo de un lado para otro. Anula la posibilidad de hacer un guiño al pequeño con tu ademán. Te impide interactuar con él. La máquina, además, no ha registrado tu señal analógica y conecta el intermitente para señalar la maniobra. Te advierte que va a cerrar la ventana para mantener una climatización óptima. Te sobresaltas y metes precipitadamente el brazo. La magia del momento se ha roto. Tu intento de experimentar se ha frustrado. Tu gesto aleatorio, personal, distinto, espontáneo y creativo es sustituido por un protocolo de actuación homogéneo y automático.

El algoritmo que ejecuta el ordenador haría la conducción más eficiente, segura y certera, pero ¿mejoraría tu experiencia? ¿Y la del niño? ¿Te permitiría aprender, descubrir, experimentar? ¿Participar? ¿Te sentirías mejor? Es probable que la persona, sometida a un constante proceso de revisión y corrección, con el tiempo acabara desconectada de su función de conductor y asumiera una función de mera pasajera. Desconectaría de lo que ocurre a su alrededor mientras juega a un videojuego, ve una serie o responde mensajes en su teléfono. Delegaría la decisión sobre la ruta que va a tomar y, puesto que ni va a opinar ni a mirar por la ventana, probablemente ésta le resultaría indiferente. Salvo cuando la máquina le avisara de que hay algo que merece la pena observar, porque estadísticamente sabe que le gusta a todo el mundo. A la media. O que le gusta a esa persona en concreto, por el histórico de sus preferencias. Decidiría totalmente por ella. La excitación ante el descubrimiento y la aventura iría desapareciendo. Hasta que un día no habría ni siquiera un volante, porque sería irrelevante.

Imagina la carrera profesional como un entramado complejo de flujos constantes en el que las personas entran al desarrollar sus habilidades, formarse, ganar experiencias. Imagina un inmenso tejido de canales interconectados entre sí mediante puertas. Algunas veces la corriente fluye a gran velocidad, otras se desliza lentamente, y otras se seca y desaparece. Imagínate dentro de esa corriente, en un fluir que durará toda tu vida.

Las puertas que conectan los canales están situadas a ambos lados del torrente. Unas puertas son grandes y otras pequeñas; unas son llamativas y otras discretas. Algunas son de fácil apertura y otras de apertura muy compleja. Algunas trayectorias discurren con suavidad, sin cambios. En otras, un suceso, un sentimiento… algo despierta el deseo, puede que la obligación de cruzar una de ellas y llegar a otras corrientes, a nuevos caudales, a proyectos distintos, ascendentes, paralelos, divergentes, convergentes y, en ocasiones, también descendentes. Cada cambio de canal es un punto de inflexión en la trayectoria de esa carrera profesional.

Muchas opciones nunca son del todo claras, buenas o malas. Nunca son exactamente equivalentes. ¿Unirse a un proyecto que te gusta y ganar dinero, con más responsabilidad y menos tiempo personal? El sí es apasionante pero sacrificado en términos personales. El no aporta equilibrio personal pero menor reto profesional. Ninguna de las dos es claramente mejor que la otra: la gran incertidumbre sobre el futuro del empleo que no ayuda. ¿Desaparecerán los trabajos? ¿Podremos adaptarnos a los cambios? ¿La inteligencia artificial y las máquinas harán perder a los humanos su relevancia?

Las personas usamos la inteligencia para el cálculo de alternativas, para encontrar el mejor camino que seguir. Hay decisiones plenas y decisiones parciales. Hay decisiones excelentes y otras mejorables. También hay decisiones mediocres y malas decisiones. Todas son difíciles y de todas ellas se aprende. Pero no son las peores. **La peor de las decisiones, de la que uno más se arrepiente, es la que no se toma.** Porque al decidir asumimos el control sobre la propia vida. Participamos. Nos involucramos emocionalmente y podemos sentir la alegría, el amor, el dolor y la ira. Sentir es vivir. Participar es vivir. Decidir es vivir.

Los enemigos que menoscaban nuestra capacidad para decidir son muy variados: no reflexionar en busca de la verdad, ceder la decisión a otro, no hacer valer la voluntad. La pereza, la soberbia, el abandono... Estos enemigos sumergen a la persona en una inercia y le hacen creer que no tienen alternativa. Que es imposible triunfar. La inercia les hace creer que no hay ningún héroe en su interior.

Puede que ahora te asalte el recuerdo de una ocasión en la que presentiste que había una buena oportunidad para ti pero no giraste el volante para dirigirte hacia ella. O sí que lo hiciste, pero como no funcionó a la primera, no insististe. Lo único que podemos hacer con el pasado es aprender de él. Para actuar mejor en el ahora.

¿Qué tienen en común las trayectorias profesionales de éxito?

Me encanta esta frase de León Tolstói: «Todas las familias felices se parecen, pero cada familia infeliz lo es a su manera». Siempre he creído que explica un patrón aplicable a muchas situaciones, incluido el contexto de las carreras profesionales: «Todas las trayectorias de éxito se parecen, pero el fracaso le sucede a cada uno a su manera».

¿Y en qué se parecen las trayectorias exitosas? En que están sustentadas sobre dos factores: provocar oportunidades de calidad y aprovecharlas.

Fomentar una oportunidad de calidad requiere mucho tiempo y esfuerzo. Me gustó especialmente cómo lo explicó Àlex Rovira en el libro *La Buena Suerte* con la fábula «La leyenda del trébol mágico». Describía ciertas reglas para que la buena ocasión te visite:

La Buena Suerte la crea uno mismo, por eso dura siempre. Para encontrarla hay que ir a por ella. Para atraerla hay que crear nuevas circunstancias, querer ganar individualmente y también que otros ganen. Crear las circunstancias requiere encontrar los factores imprescindibles no sólo en lo obvio, también en los pequeños detalles. Dar el primer paso. A los que se dedican a crear circunstancias, el azar no les preocupa.

Yo, que me fijo constantemente en las trayectorias profesionales de todo el mundo, encuentro muchos buenos ejemplos de personas que cultivan en su día a día la Buena Suerte. Como Michelle Obama, por ejemplo, cuya biografía me leí recientemente. Y con buena suerte no me refiero a casarse con un hombre que llegaría a ser presidente. Cuando ella y Barack se conocieron esa posibilidad ni se pasaba por su mente. Michelle cultivó la calidad de sus oportunidades desde que era una niña. Reconozco que hasta que leí su historia nunca me había parado a pensar que Michelle había tenido que superar prejuicios de profesores, clientes, jefes y colegas por el color de su piel. Como no pertenezco a una minoría étnica, era poco consciente de que la discriminación todavía existe en muchos niveles, segmentos y contextos. Piensas que tu vida es igual a la suya, hasta que su testimonio te despierta bruscamente a la realidad. Ella me ayudó a comprenderlo en su relato. Me identifiqué con ella, sentí el peso de las múltiples limitaciones que una persona de su raza y condición socioeconómica tiene que superar para salir adelante. Michelle explicó la rabia y la desesperación que sintió cuando, todavía siendo una adolescente, la orientadora de su escuela le dijo que mantuviera sus aspiraciones bajas. Que no intentara presentar su solicitud a una buena escuela, que jamás estaría a la altura, aunque no se refería a su estatura ni a sus notas. La miraba a ella, al color de su piel y a las modestas ropas que llevaba.

Michelle no aceptó el no. E hizo bien. Se graduó con honores en Princeton. Después apuntó de nuevo a lo más alto, a Harvard, donde se licenció con grandes reconocimientos. Demostró a los que creían que una joven negra de un distrito humilde de Chicago nunca podría llegar a ser nada importante que sí se podía. Fue fichada como abogada en uno de los bufetes más prestigiosos de la ciudad, Sidley Austin. Michelle, de niña, había admirado a los sofisticados y trajeados profesionales entrar en admirables edificios en el centro de Chicago desde el autobús público en el que iba a su escuela. Lo veía como algo inalcanzable. ¡Y llegó a ser uno de ellos! Abrió camino, pero pocos la seguían. Michelle fue durante muchos años una excepción en su bufete, una minoría de color y género. Aun así, se siguió esforzando por cultivar su Buena Suerte y creando oportunidades de calidad.

Un día Michelle se dio cuenta de que el traje de chaqueta, los pleitos, el dinero y el prestigio de ser abogada realmente no la llenaban. Entonces se preguntó a sí misma qué era lo que de verdad quería. Buscó una puerta y sustituyó el canal del mundo corporativo, las empresas, el sueldo alto y el renombre por un empleo más modesto que la satisfacía más. La gran diferencia era que podía ver el impacto directo y positivo de su trabajo en la comunidad. Mientras, la carrera de Barack Obama seguía avanzando. Eran dos compañeros de viaje que iban trabajando en paralelo sus propias oportunidades.

Todos conocemos cuál sería su siguiente etapa. Barack Obama se convirtió en el primer presidente negro de la historia de Estados Unidos y Michelle Obama, en su primera dama. ¿Qué haría desde esa posición? Podía optar por no hacer nada o nada más de lo que se esperaba de ella como figura de apoyo representativo del presidente. Michelle había aprendido, al observar las duras críticas que recibió Hillary Clinton cuando opinó sobre asuntos gubernamentales durante la presidencia de su marido Bill, que la esposa del presidente no se inmiscuye en asuntos de Estado. Entonces decidió impulsar iniciativas de bienestar social, especialmente aquellas que quedaban fuera del radar del poder presidencial. Aprovechó su atención mediática para contribuir a causas que le importaban genuinamente: sensibilizar sobre la necesidad de acabar con la obesidad infantil, mejorar la alimentación, superar barreras sociales y ayudar a las familias de los soldados. Sus primeras acciones no tuvieron el éxito esperado. Cometió deslices y erró al actuar fuera de protocolo, lo que fue noticia en los medios y objeto de ácidas burlas de sus contrincantes. Michelle, exitosa alumna brillante de Princeton y Harvard, abogada prestigiosa, excelente profesional, se equivocó como cualquier persona se equivoca. Y después se levantó. Reflexionó sobre qué había hecho mal, qué recursos le habían faltado, amplió su perspectiva. Se hizo con un buen equipo de colaboradores porque sabía que sola no sería capaz. Entrenó, actuó, corrigió. Volvió a intentarlo. Construyó un relato, transmitió la finalidad de cada una de sus acciones. Sabía que necesitaba comunicar para que las personas comprendieran dichas acciones, la escucharan, se unieran a ella. Consiguió que más aliados se sumaran a sus causas. Parecía que todo lo que había ido aprendiendo a lo largo de su vida le había estado preparando sin saberlo para aquella gran oportunidad. Gracias a su pasado podía abordar su presente y contribuir a crear un mejor futuro para todos.

Muchos otros cultivan su buena suerte y no son tan mediáticos como los Obama. Es el caso de Daniel, cuya profesión es muy sacrificada. Ingeniero en proyectos globales de energía, nada más terminar sus estudios fue seleccionado para trabajar en una gran empresa en un proyecto en Argentina. Después lo destinaron a Chile. Durante dos años sólo vio a su familia los fines de semana o una semana de cada tres. No tenía sentido pedirle a su mujer y a sus dos hijos pequeños que lo acompañaran hasta donde él estaba. Trabajaba en unas infraestructuras situadas a cientos de kilómetros de cualquier ciudad civilizada, sólo conectadas por carreteras en mal estado que atravesaban selvas, barrancos y elevadas montañas. Las temperaturas eran extremas y el clima, cambiante. Había bichos extraños, cuya existencia desconocía por completo, que podían contagiarte terribles enfermedades. De ahí al norte de África: Libia. Decidieron que la familia al completo —mujer y cuatro hijos— lo acompañaría a ese destino. Vivieron allí durante casi tres años, hasta que estalló la guerra y tuvieron que ser repatriados de urgencia por la embajada. Se vieron obligados a subir a un avión con lo puesto más el miedo, en medio de gritos y también silencios, sintiendo por última vez el calor abrasador y el polvo del desierto. Volvieron a España todos salvo Daniel. Él aún tendría que permanecer en su puesto para terminar el proyecto durante un año y medio más. Se le hacía muy duro decir adiós a la familia, instalada en un piso de una ciudad occidental, al finalizar cada período de descanso. Ya no era un «papá se va al trabajo», a un destino sin especificar. Su esposa y sus hijos sabían perfectamente adónde iba. Y el riesgo. Daniel podía ver el temor en sus ojos y al despedirse les murmuraba con voz ronca, queriendo aparentar normalidad: «Ya veréis cómo dentro de nada ya estoy aquí de nuevo». Fuertes y sentidos abrazos. Casi eléctricos. Miradas profundas a los ojos. Caricias en la cara. Cuando se cerraba la puerta, un hondo sentimiento de distancia y soledad se apoderaba de Daniel, antes siquiera de llegar hasta el ascensor, al partir hacia un territorio en conflicto, a una guerra que no era la suya.

Formaba parte de un equipo de exploración de Repsol, un grupo con habilidades técnicas muy específicas. Un escuadrón de élite que solucionaba problemas que a los demás se les antojaban irresolubles. Como los Navy Seals de las películas estadounidenses. Una de las condiciones del equipo era aceptar el encargo que le asignaran en operaciones por todo el mundo. Sí o sí. Daniel fue de «los escogidos» entre múltiples candidatos gracias a sus buenas referencias. Su reputación de persona siempre disponible, responsable y fiel lo precedía. Con aquella oportunidad ascendió de golpe dos peldaños en su trayectoria profesional y su salario aumentó de manera significativa. Mayor responsabilidad, más complejidad, cercanía a la visión de negocio. Daniel vivía con la adrenalina a tope, con una sensación de estar en la cresta de la ola continuamente.

Hasta que un día, mientras estaba en Argelia, sucedió algo en la otra punta del mundo que le cambió la vida: en Indonesia, un ingeniero con más años en la empresa que él se quedó sin proyecto por un cambio de gobierno. La empresa hizo sus cálculos y decidió que pasaría a ocupar el puesto de Daniel, que se quedó en el banquillo. Daniel tuvo que digerir que nadie, ni siquiera él, era imprescindible. Quizá te sorprenda saber que su autoestima quedó muy afectada. Él, miembro del escuadrón de élite, uno de los mejores, ¿en casa?

Que te obliguen a parar tiene sus ventajas. Después de veinte años corriendo, Daniel se detuvo a reflexionar qué hacía y cómo lo hacía. Y lo más importante de todo: qué quería. Fue consciente de que el reconocimiento había sido para él un motor muy importante, a veces demasiado. Siempre supervisaba personalmente cada detalle trabajando intensamente, sin descanso, para asegurarse de que todo estuviera perfecto. Siempre decía a todo que sí para seguir siendo «el más dispuesto, responsable y fiel», la imagen que todos se habían hecho de él. Al adquirir perspectiva se dio cuenta de su falta de asertividad. La tendencia al micromanagement para asegurar personalmente la calidad le había sometido a altas cargas de trabajo y a sacrificios que a lo mejor no hubieran sido necesarios. Esta reflexión no provocó amargura ni sensación de pérdida por los momentos perdidos. Comprendió que habían sido etapas de aprendizaje que lo preparaban para los siguientes pasos. Analizando sus capacidades, Daniel descubrió que, por encima de todo, era una persona muy resolutiva, con cualidades muy valiosas relacionadas con la venta y la organización. Decidió reciclarse estudiando y al exponerse a nuevos entornos descubrió que había todo un mundo mucho más allá de la ingeniería de proyectos, muy relacionado con su sector. Aprendió que la tecnología había creado nuevas oportunidades y que, con sus habilidades y conocimiento, podía ocupar puestos en el área comercial y de desarrollo de negocio, especialmente en venta consultiva, posición muy demandada en compañías proveedoras de servicios y tecnología, para las que él era especialmente valioso por entender mejor que nadie sus necesidades. Además de ser apasionante, podría pasar más tiempo con su familia. Dos de sus hijos ya no vivían en casa, pero sí los dos pequeños. Aprendió a disfrutar de un nuevo estilo de vida. Su espíritu luchador le hizo salir adelante y aprovechar ese cambio para adquirir perspectiva, formarse y encontrar nuevos aliados. Para vivir una nueva vida, cambiar de canal. Comenzar una nueva etapa.

Daniel convirtió una circunstancia fortuita en un punto de inflexión. Pero podría no haberlo sido si simplemente hubiera esperado a que le asignaran a un nuevo proyecto como ingeniero. Os he resumido en cinco párrafos meses de dudas, análisis y vacilación. De inseguridades. De ver pasar puertas desde su canal y no saber si cambiar o seguir dejándose llevar por la corriente.

A veces se vive la aventura en pareja. Como hicieron Rocío y Juan. Juan trabajaba en la Junta de Andalucía, el trabajo ideal que siempre habían soñado sus padres para él (puede que con el que sueñan muchos padres): casi funcionario, a cinco minutos andando desde mi casa, seguridad laboral, sueldo decente, alineado con mis inquietudes, buen ambiente… De joven había sido jugador de baloncesto, una joven promesa que quería jugar en Los Angeles Lakers hasta que una lesión truncó sus sueños. Entonces su afición por la informática le hizo aprender de forma autodidacta disciplinas que estaban emergiendo. Le interesaban sobre todo temas de usabilidad, cómo los internautas podían navegar mejor en las webs. Sus primeros años de trabajo fueron intensos de aprendizaje. Era responsable de diseño de los portales institucionales, evaluando las necesidades de los distintos servicios y creando las mejores experiencias digitales. Su mujer Rocío había estudiado un Máster de Marketing Turístico en Glion (Suiza) y siempre estuvo vinculada al turismo. Primero como minorista, luego como mayorista y, finalmente, creando su propia agencia de neuromarketing para promocionar productos y experiencias sensoriales. Con cuarenta años ya de madurez y con dos pequeños gemelos recién nacidos se tiraron a la piscina y decidieron mudarse a Madrid. ¡Menudo disgusto dieron a sus padres!

Juan necesitaba retos que le sacaran de su zona de confort y le pusieran a prueba. Pero, sobre todo, no quería conformarse con lo preestablecido. Rocío quería viajar y evolucionar como profesional. Siempre le había seducido la posibilidad de conocer de primera mano otros modelos empresariales, diferentes formas de ver y escalar mercados. Les pregunté a los dos si habían sentido alguna vez miedo ante el cambio. La respuesta fue no. Sí sintieron curiosidad por saber cuándo iba a aparecer la «gran» oportunidad e inquietud ante la posibilidad de seguir creciendo en cada paso profesional.

Juan tenía dos hándicaps. Carecía de titulación oficial pues todo lo había aprendido por sí mismo. Tampoco hablaba inglés, un idioma que aprendía también de forma autodidacta con cursillos online. Pero estas limitaciones no frenaron sus ansias de crecimiento ni de búsqueda de oportunidad. Trabajando en un proyecto para la Junta de Andalucía, descubrieron un software que desarrollaba una compañía líder que atrajo a Juan por su innovación constante. Empezó a seguir su actividad y un día descubrió que habían abierto una vacante muy interesante. Sin pensarlo mucho, aplicó.

El proceso fue largo y complicado. Juan era consciente de que había grandes profesionales con más titulaciones e idiomas que él.

Profesionales reconocidos y con una trayectoria más formal. Pero sabía que no más ilusionados. Aún hoy cuando recuerda el proceso puede sentir la presión en su corazón que le decía que aquella era su gran oportunidad. ¿Se le pasó por la cabeza que le descartaran? Sí. ¿Se vino abajo por las trabas del inglés? Muchas veces. Y ahí es donde estaba Rocío, apoyándole a cada momento, animándole incluso a sabiendas de que era difícil, muy difícil. Sabiendo que si le seleccionaban significaba moverse a Madrid, salir de su zona de confort, de la ayuda de la familia, de la seguridad y estabilidad de la Junta de Andalucía; en pos de cumplir sus sueños y crecer como familia.

Y lo lograron. A Juan siempre le ha costado mucho hablar de sus cualidades y nunca preguntó después qué fue lo que les hizo escogerle a él entre tantos expertos. Sospecha que fueron la empatía, la flexibilidad, el positivismo, la energía y la ambición por mejorar y encarar un gran desafío lo que le hicieron destacar. Los conocimientos técnicos ya se daban por supuestos. Juan y Rocío siempre me dicen que fue el proceso de marca personal conmigo lo que les hizo ser más ambiciosos y luchar por sus sueños. Y por supuesto, pensar en sus hijos.

En mi caso, les trasladé la necesidad de articular sus objetivos, definir sus metas a corto plazo y, sobre todo, a preparar y visualizar el camino y el proceso para alcanzarlo. Para ellos la familia es lo principal y casi todos sus retos profesionales tienen como objetivo inculcar una serie de valores a sus hijos para que tengan una visión más global, más abierta, y sin las ataduras convencionales. Valores y experiencias que les permitan afrontar la vida sin las cortapisas del color de la piel, el lenguaje o las fronteras.

Su mudanza a Madrid, económicamente, fue un desastre. Pasaron de trabajar a cinco minutos de casa a vivir en un piso en Arganda, a una hora más o menos con tráfico intenso o a una hora y cuarenta y cinco minutos utilizando el metro (por trayecto).

El sueldo era muy justo para los cuatro pero, como casi todo en esta vida, se trata de apostar y arriesgar. A pesar de las estrecheces, estaban convencidos de que no podían quejarse de su situación.

Como primer diseñador UX en su empresa, Liferay, Juan tenía como principal misión convencer a la compañía de lo que el diseño podía ofrecer como herramienta de negocio. A pesar de que no era fácil no había ni un solo fin de semana que no estuviera deseando que fuese lunes para empezar de nuevo. Era un desafío colosal y muy complicado; pero tremendamente enriquecedor. Al poco tiempo de llegar a Madrid, empezó a crear y a escalar las estrategias globales de diseño de los productos. Empezó creando el primer equipo de diseño, dotándolo de procesos y creando y promoviendo una excitante y nueva cultura. En los siguientes cuatro años, Juan consiguió alcanzar muchos de sus sueños: liderar globalmente la estrategia de diseño de una compañía de mil trabajadores. Con más de 25 oficinas repartidas por todo el mundo. Dar charlas y workshops en diferentes congresos y eventos repartidos por Europa y Estados Unidos, ¡en inglés! Y, sobre todo, pasar de ser el único diseñador de producto UX a crear y liderar una estructura de 35 diseñadores en cinco países.

En 2016, Liferay comenzó a sopesar la posibilidad de que Juan se incorporara a las oficinas centrales en Los Ángeles para construir un equipo. Se había intentado en alguna ocasión antes, pero la cercanía de San Francisco y otras grandes ciudades con su incomparable poder de atracción para el talento había cercenado toda posibilidad anterior. Y ahí le ves a él, con un nivel de inglés bajo (mejor que antes, pero bajo), visitando escuelas en Santa Mónica, San Diego, etc; asistiendo a eventos en Chicago, Boston y otras ciudades; intentando crear sinergias con otras empresas; reclutando talento para su nuevo equipo. En definitiva, agitando la comunidad. Lo lograron. Ya son diez diseñadores en Los Ángeles y siguen evolucionando y creciendo.

Con los años yo había perdido la pista de Juan y Rocío. Fueron pioneros en la contratación de mis servicios allá por el año 2011. Ya mostraron su determinación cuando en lugar de hacer las sesiones por Skype se empeñaron los dos en viajar hasta Barcelona para hacer el proceso de forma presencial. «Así aprovechamos y exploramos la ciudad», me dijeron. La conexión fue brutal, y por eso, cuando tiempo más tarde tuve que ir a Sevilla a una conferencia les llamé para verlos. Me recogieron del evento y caminamos por el barrio de Triana mientras me explicaban sus progresos. Me enviaron un email para contarme que se iban a Madrid y el trajín del día a día nos fue distanciando. Hasta que hace poco, revisando el histórico de casos, busqué a Juan por LinkedIn y vi en su perfil que vivía en California. Le escribí con ganas de conocer qué había pasado y fue precioso conocer toda su historia. Había sido una decisión no de pareja, sino de familia. Rocío también se ha enriquecido personal y profesionalmente. Les pregunté si había sido duro. Esta fue su respuesta:

Duro, tanto culturalmente como personalmente. Pero no hay ni un solo instante en que no nos alegremos y nos sintamos orgullosos de nuestro esfuerzo y de todo lo que estamos consiguiendo, como familia y como profesionales. ¿Lo volveríamos a hacer? Por supuesto, sin ninguna duda.

Como anécdota, me gustaría contarte que, si el marcharme de la Junta fue un tremendo varapalo para mis padres (bendito varapalo), nuestra despedida en Barajas de la familia y los amigos ha sido de lo más difícil que he tenido que hacer. Mis hijos (con siete años entonces) no paraban de preguntarme entre lágrimas: «pero papi, si tienes un trabajo en Madrid, cerca de la familia y de los amigos, ¿por qué tenemos que ir a Los Ángeles?».

Para nosotros el miedo es sinónimo de conformismo. Preferimos equivocarnos a arrepentirnos de no haberlo intentado.

Y pensé que Juan había logrado su sueño de jugar en un gran equipo de los Ángeles. Y no me refiero sólo a su empresa, sino que pienso en su familia.

Michelle Obama, Daniel el ingeniero, Juan, Rocío, tú, yo, todas las personas dudamos.

Dudan hombres y mujeres, viejos y jóvenes, experimentados y noveles, fuertes y débiles, ricos y pobres. Dudan los que tienen el sentido crítico para evaluar pros y contras de la situación en la que se encuentran, alternativas y disyuntivas. Los cuerdos dudan porque intuyen los riesgos. Los únicos que no dudan son los necios y los desesperados.

Eso es ser un héroe. Superar dudas y miedos y decidirse a actuar cuando merece la pena porque el bien de hacerlo es mayor que el de quedarse de brazos cruzados. La ficción está repleta de relatos de personajes cotidianos que se convierten en héroes al superar situaciones difíciles e inesperadas. Marlin cruzando el océano en *Buscando a Nemo*. Katniss Everdeen ofreciéndose voluntaria en *Los juegos del hambre* para proteger a su hermana pequeña. El largo viaje de Rob J. Cole hasta convertirse en *El médico* en la novela de Noah Gordon. Sea cual sea el destino, el clímax de la historia llega cuando esa persona aparentemente común se convierte en un héroe, transformando una situación, a un grupo y a sí mismo para siempre. Historias que enganchan porque nos recuerdan que en el interior de cada uno de nosotros también habita un héroe. Que podemos ser como ellos. Si el relato incluye un epílogo, vemos cómo el héroe regresa de la aventura a su cotidianidad, donde se puede percibir con nitidez que su corazón y su mundo nunca serán iguales.

Las personas de éxito que he conocido a lo largo de mi carrera profesional crean repetidas oportunidades de calidad. Son héroes de su momento. Se atreven a cambiar el canal y cruzar puertas con determinación, van *in crescendo*, mejorando con cada salto su situación. Hay miles, millones de personas héroes de su momento que construyen trayectorias de éxito en campos muy variados como las ciencias, las letras y las artes. Todas ellas fueron —y son— personas tan normales como tú y como yo, con sus aciertos y fracasos cotidianos. Como Michelle Obama antes, durante y después de vivir en la Casa Blanca, o como Daniel siendo ingeniero en proyectos por todo el mundo o como ejecutivo en un despacho. Como todas las personas que nos enfrentamos al dilema de qué hacer, dónde, cómo, con quién y para qué.

Son personas que tomaron las riendas de su vida y no dejaron que otros decidieran por ellos. Como tú también deberías hacer. Porque si dejamos a otros, humanos o máquinas, que decidan por nosotros, corremos el riesgo de perder la capacidad para aprender y el interés por participar. Hasta que un día desaparezca nuestro libre albedrío y la pasión por la vida.

No siempre uno está situado en la mejor casilla de salida. Tampoco las oportunidades son iguales para todos. Sin embargo, el éxito no es algo que esté asegurado ni que sea exclusivo de personas con altísimo coeficiente intelectual, ricas o famosas. Podrán tener más ventajas *a priori*, más recursos de base, pero sin un interés por aprender de forma constante, sin los aliados necesarios o abandonando ante las adversidades, sus ventajas desaparecen. Haciendo nada es difícil que te pase algo. La cuestión es, como dijo Jean-Paul Sartre, qué se hace con lo que se tiene. Sin determinación para crear oportunidades, las personas son arrastradas por la inercia de su torrente. Hasta que un día se vuelven como ella, corrientes.

La sorprendente verdad que descubrí explicando tres habilidades, cinco frenos y una historia

Confieso que en mis conferencias soy algo densa. Combino temáticas variadas que conectan tendencias del mercado de trabajo, polarización de empleos, asesoramiento de carrera, estrategias de marca personal y técnicas de comunicación y networking. Como especialista en talento y headhunter, conozco muy bien el mercado de empleo. Sigo muy de cerca la transformación que la globalización y digitalización producen en las necesidades de empresas y profesionales. Aunque algunos se empeñan en dibujar un escenario pesimista, otros —entre los que me incluyo— somos más optimistas y creemos que el talento de las personas saldrá adelante creando un nuevo entorno de nuevas profesiones, como ya ha ocurrido con anterioridad en la historia. El aprendizaje constante y la capacidad para trabajar en equipo son fundamentales, como también la persistencia. «El modo de dar una vez en el clavo es dar cien veces en la herradura», dijo Miguel de Unamuno.

Después de leer el párrafo anterior habrás comprobado a qué me refiero con lo de densa. Tiendo a contar muchas cosas. En tono alegre y con mi acento andaluz —pero muy en serio— suelo advertir a quien me escucha: «Hablo mucho».

También sé que comunicar con éxito es lograr que la audiencia sea capaz de responder después de una clase o conferencia a la pregunta «¿De qué ha hablado?». Por eso, y sabiendo lo mucho que puedo llegar a enrollarme, me esmero en preparar un buen cierre con conclusiones que enganchen. Por eso me acostumbré a finalizar mis charlas con dos bloques de consejos y una historia.

En el primer bloque de consejos enumeraba tres habilidades imprescindibles para el profesional del siglo XXI que ayudan a crear oportunidades de calidad. A promover la Buena Suerte. Les decía:

Las buenas oportunidades se crean desarrollando tres habilidades: la primera, aprender de forma constante; la segunda, tejer una red de colaboradores, y la tercera, ser perseverantes. Los profesionales que alcanzan el éxito no son necesariamente los más buenos. De hecho, muchas personas brillantes fracasan. Personas inteligentes que no se interesaron en aprender de forma continua. Personas que se creían autosuficientes y despreciaron el trabajo en equipo. Y personas que, aun teniendo capacidad y aliados, abandonaron ante el peso continuado de las dificultades.

Aunque estas cualidades os parezcan obvias, os aseguro que lamentablemente no todos los profesionales las cultivan en la medida necesaria para sobrevivir y destacar en el competitivo mundo laboral del siglo XXI. Haceros con ellas. Aprended, colaborad, persistid: así construiréis una trayectoria de éxito.

En el segundo bloque de consejos, avisaba del peligro de cinco frenos ocultos en la inercia que impedían que fueran los «héroes de su momento»:

Si queréis ser capaces de dar el salto, seguid creciendo, alcanzad vuestro sueño y aprovechad la mejor oportunidad cuando ésta se presente, tenéis que superar estos cinco frenos limitantes del talento:

1. **La inseguridad:** no creerse, aunque se esté, suficientemente preparado.
2. **La desubicación:** dudar si es el camino profesional correcto.
3. **La dispersión:** caer en la mediocridad por intentar llegar a todo.
4. **La desconexión:** carecer de los aliados necesarios.
5. **La contención:** no aprovechar la oportunidad cuando se presenta.

Acto seguido pasaba a la narración de la historia final de cierre.

Narrar la historia de cierre es uno de mis momentos favoritos y me esfuerzo para que sea memorable. Preparo historias emotivas, ejemplos inspiradores, narraciones que cautiven y que se prendan en las personas durante mucho tiempo. Voy elevando el ritmo poco a poco, describiendo los elementos, pausando los golpes narrativos, dejando que las ideas se cuelen en la mente. Con cada palabra trato de activar resortes de motivación, dejar el mensaje bien asido a lo más profundo de su ser, para que ayude a impulsar su talento más allá de ese momento. Conferencia tras conferencia, charla tras charla, iba concluyendo con estos dos bloques de consejos y la historia de ejemplo.

Desde el lugar donde se encuentra el ponente la visión de la sala es increíble. Te permite observar a los asistentes, su mirada y su lenguaje corporal. Sentir su nivel de atención en el silencio y el ruido. La carga especial de electricidad que se crea en el ambiente cuando un tema les interesa.

Empecé a darme cuenta de que la reacción emocional de mi audiencia comenzaba antes de la historia con la explicación de estas cinco claves del talento y que era muy distinta según fueran hombres o mujeres. Los hombres asentían con la cabeza, hacían gestos de reconocimiento, podía incluso oír un «mmm» de reflexión. Veía cómo tomaban alguna que otra nota, sus correctas muestras de interés y actitud de aprendizaje. Ellas no. Lo más común era una gran transformación de su cara: ojipláticas y con la boca abierta, mostraban su asombro, agudizándose su expresión facial conforme avanzaba la enumeración. Era como si se produjera en su interior un descubrimiento revelador y sus gestos estuvieran diciendo, freno a freno: «Los tengo todos».

Aquello me dio que pensar. Decidí que merecía la pena buscar respuestas en mi trabajo y en el de otros investigadores. Después de un tiempo, mis esfuerzos dieron sus frutos y una verdad empezó a emerger frente a mí. La clave no era sólo haber descubierto la existencia de esos frenos, sino identificar cuáles de ellos afectaba a cada profesional y cómo combatirlos. También comprender el porqué de las diferencias de género, no tanto en los frenos, que afectaban a todos, hombres y mujeres, por igual, sino en su actitud, en su dificultad para enfrentarse a ellos. En efecto, aquellos gestos de estupor en la audiencia femenina me hicieron percatarme de que había algo más y decidí a buscarlo hasta dar con ello. Descubrí entonces que a las mujeres nos cuesta más vencer esos frenos porque nos atacan «tres adversarios de género»:

1. **Una mayor inseguridad:** las mujeres percibimos, de promedio, nuestro talento inferior de lo que realmente es.

   En estudios realizados por investigadores en campos, sectores y funciones muy variados, se ha demostrado que la mujer tiende a evaluar sus capacidades por debajo de su rendimiento real y los hombres, por encima. Algo así como si en un hipotético examen les preguntaran a hombres y mujeres qué nota creen que obtendrían. Ellos dirían un 8 y ellas un 6, a pesar de que las calificaciones fueran justo lo contrario: un 8 las mujeres y un 6 los hombres.

2. **Una mayor necesidad de agradar:** científicos especializados en el estudio del cerebro afirman que las mujeres desarrollan una mayor capacidad que los hombres para leer el rostro de las personas que las rodean e interpretan mucho mejor la aprobación o el disgusto.

   Seguro que te resulta familiar esta situación: una pareja está en un evento social en el que un suceso molesta a una tercera persona. Haciéndose eco de su reacción, ella le pregunta a su pareja en voz baja: «¿Has visto la cara que ha puesto?». Entonces él la mira sorprendido y replica: «¿Qué cara?». Sabiendo que las personas se autoevalúan en función de lo que los demás piensan de ellas y que las mujeres son más sensibles a las expresiones ajenas, es comprensible que se esfuercen más por agradar. (Si consideramos la mayor inseguridad, todavía más.)

3. **Un mayor estrés ante un conflicto que pueda poner en riesgo una relación social:** el cerebro femenino reacciona con alarma ante el riesgo de romper un vínculo social. Además, el mayor tamaño de la corteza cingulada del cerebro femenino retiene ese recuerdo negativo mucho más tiempo que el masculino. Es como si con cada conflicto relacional la mujer recibiera una descarga de estrés negativa que se graba profundamente en su memoria. Como el efecto de los chispazos eléctricos en los perros del experimento de Pávlov. Como aquellos animales, las mujeres huimos a menudo de ese tipo de conflictos pues el desagradable recuerdo de eventos anteriores todavía está muy vivo en nuestra memoria.

Los héroes de su momento

Dejarse llevar por la inercia es un síntoma de algo más. La inercia no es la causa de la indecisión del profesional, sino su consecuencia. El síntoma de que existen frenos invisibles o menospreciados que impiden que las personas puedan aprovechar sus opciones de éxito, que imposibilitan que el héroe actúe en el momento del clímax.

Todas las personas, sean de la edad que sean, quieren provocar y aprovechar sus ocasiones de calidad. Ante cada oportunidad, algunos no saben si están preparados, ni siquiera en qué son buenos. Tienen la sensación de haber sido como una hoja a merced del viento, movida por decisiones y oportunidades ajenas y aleatorias. Otros sí que saben en qué son buenos o qué les gustaría hacer, pero desconocen las opciones de que disponen. Les falta visión y perspectiva de las que existen o están disponibles, y de cuáles, entre todas ellas, es la más adecuada para ellos. Y también hay quienes, aun sabiendo cuál es su talento y el objetivo que persiguen, carecen del estatus o de las redes para alcanzarlo. Necesitan entonces explicar dicho objetivo, construir su marca personal y hacer su talento visible para que otros se sumen a su proyecto y, entre todos, lograr construir un legado positivo. Provocar oportunidades de calidad y aprovecharlas no es algo que se pueda conseguir solo. Incluso las personas más seguras y con más recursos han necesitado a lo largo de su viaje perspectiva, ponderación, capacitación, aliados, autoconfianza y estatus para activar el clic que las ha convertido en héroes.

Imagínate de nuevo en tu canal. Miras la puerta que brilla. Es tu puerta, tu oportunidad. Entonces una de estas dudas, o incluso varias, te asaltan:

1. ¿Cuento con la suficiente preparación?
2. ¿Será la ocasión adecuada?
3. ¿Será mejor aquélla? ¿O esa otra? ¿Quedarse?
4. ¿Puedo contar con aliados que me ayuden?
5. ¿Es el momento para actuar?

Los héroes nacen del viaje y su aprendizaje. Antes de iniciar su aventura, son personas normales. Imperfectas. Comienzan su transformación el día que deciden abandonar la comodidad de lo conocido, motivados por su sed de aventuras o por un drástico cambio que les empuja irremediablemente hacia delante. Van preparándose para ser héroes durante todo el viaje. No es lo que son, sino lo que han hecho para ser como son, lo que les convierte en héroes.

Si estás leyendo este libro, tú también empezaste ese viaje. Ya estás en él. Buscas tus oportunidades de calidad y también cómo aprovecharlas. Como cualquier otro protagonista, a veces sentirás inseguridad, sensación de no estar donde deberías, dispersión, falta de apoyos o falta de asertividad. El héroe es humano, imperfecto. El héroe no es aquel que no tiene dudas o carece de imperfecciones, sino el que las vence.

Ahora o nunca

Este libro nació para poner en tela de juicio la inercia sobrevenida, los frenos generales del talento en todas las personas. Cuenta, además, con un capítulo especial para los frenos específicos de las mujeres. Desvela elementos invisibles que limitan a los profesionales para ayudar a activar su clic. Es un libro para profesionales y también para su círculo más cercano: para sus padres, amigos e hijos; para la pareja, su jefe, su colega y su equipo. Para las organizaciones y las empresas. Un libro para asesores de talento y personas que aman a las personas. Es un libro, en suma, de autoayuda y colaboración.

Algunos de los conceptos de estas páginas te resultarán familiares, pues recogen evidencias ya demostradas, pero se analizan desde un nuevo enfoque. Psicólogos y sociólogos se quejan a menudo de que todo el mundo considera algo obvia su ciencia. Le llaman el «sesgo de retrospección», el «eso ya lo sabía», lo que quita mérito a su trabajo de investigación. Aquí es donde emerge mi vena práctica. ¡Qué más da el mérito de ser el primero o el segundo en verlo! Lo importante es hacerlo. Mi objetivo no es descubrir la pólvora, ¡sino encenderla en las personas!

Los frenos aquí descritos no afectan a todos por igual. Algunas personas se sentirán más identificadas que otras según el momento vital en que se hallan, el reto que han de afrontar o la parte del globo en la que habitan. Los dilemas de quienes son padres son distintos de los que no lo son. Las dudas de las personas que no saben cuál es su sitio no son las mismas de las de quienes tienen una posición consolidada. La interpretación del libro será distinta para la persona que está al inicio de su carrera profesional, en el medio o en una fase de reconstrucción laboral.

Quisiera acentuar que el objetivo de esta obra no es decir a los profesionales que siempre digan sí. **Tan malo es decir sí a lo que es no como decir no a lo que es sí.** Lo que se pretende es fomentar el espíritu crítico. Motivar a las personas para que cuestionen cada oportunidad que se presenta. Que se percaten de la existencia de síntomas y tiren del hilo hasta encontrar la verdad que se oculta tras ellos. Para que puedan tomar el volante de su vida.

Al final de cada capítulo encontrarás un gráfico con el resultado de una pequeña encuesta que elaboré entre un selecto grupo de unos cien profesionales de trayectoria exitosa sobre el efecto de los cinco frenos, sin más pretensión que añadir una referencia más. Te animo a que te fijes en estos gráficos, pues hacen plantear cuestiones de gran importancia: ¿por qué unos frenos afectan más a mujeres que a hombres? ¿Por qué esa diferencia es más notable en unos que en otros? Esta encuesta se realizó sin explicar en profundidad a sus destinatarios todo lo que se oculta detrás de cada freno. Estoy segura de que si la repitiera, una vez leído este libro, los porcentajes variarían mucho.

También te propongo siete sencillas y efectivas palancas para superarlos junto con la mención de algunas herramientas cuya validez de funcionamiento puedo constatar, ya que han sido usadas con éxito durante años por cientos de profesionales —hombres y mujeres— a los que he sometido a un estrecho y continuo seguimiento.

Encontrarás muchas historias, todas reales. Ejemplos vivos de cómo individuos aparentemente normales han sido capaces de ser héroes de su momento y hacer cosas tremendamente extraordinarias para ellos y para el resto. Y aunque la óptica de este libro se centra en el individuo, es innegable que sus aciertos benefician a equipos y organizaciones. Por ello en ocasiones también se incluye la perspectiva de empleadores, gestores de equipos y organizaciones.

Quédate conmigo. Aprende cuáles son estos cinco frenos. Descubre si alguno(s) te está(n) afectando y qué estrategias te pueden ayudar a superarlo(s). Te darás cuenta de que, antes de verlos, eran difíciles de detectar. Detrás de cada freno hay una gran complejidad. Pero una vez comprendido su funcionamiento, serán verdades que emergerán nítidas ante tus ojos y que a partir de entonces siempre podrás detectar. Te animo a que recorras este camino de aprendizaje y reflexión personal. Me consta que hace tiempo que iniciaste un viaje transformador. Con cada puerta que has cruzado, te has acercado un paso más a tu propósito. Algunas decisiones han sido o serán acertadas, otras erróneas. Recuerda que, aunque la heroicidad tiene su clímax en un momento, los héroes nacen de un viaje que merece la pena experimentar al salir de la comodidad, sacrificarse por un bien superior y contribuir al bienestar general. Al implicarse y vivir plenamente, dejan su legado.

Ves una puerta que brilla. Hay algo en ti que te dice que ésa sí es la ocasión que has estado esperando. Es tu oportunidad. Es ahora o no será nunca jamás.

2
La desubicación

(Primer enemigo oculto en la inercia)

Responde a esta pregunta:

¿Has tenido que superar el freno de la desubicación
para progresar?

☐ Sí   ☐ No

Al final del capítulo descubrirás qué piensan al respecto
mujeres y hombres como tú.

El camino que conduce a tus sueños

En mi adolescencia dos películas me mostraron que el camino hacia los sueños está lleno de sacrificios y que, pese a las vicisitudes, es preferible pasar por ellos que no hacerlo. Me enseñaron que la vida adquiere sentido cuando estás en tu mejor elemento —el «elemento» es el término que usa sir Ken Robinson para definir el entorno óptimo donde los atributos, conocimientos y experiencias de una persona brillan más—. Estas películas fueron *Cinema Paradiso* y *El Club de los Poetas Muertos*.

En *Cinema Paradiso*, el protagonista era Totò, un niño de curiosidad insaciable que se pasaba horas en una humilde sala de cine de un pequeño pueblo en la Italia de la posguerra. El local estaba regentado por Alfredo, un gruñón proyeccionista, que resultó ser el más sabio y generoso de los maestros. La película, una oda al cine, narra la cotidianidad de estos personajes. Al crecer, Totò se enfrenta a un terrible dilema: quedarse junto a sus seres queridos en un pueblo siciliano decadente o dejarlo todo atrás para perseguir sus sueños. Alfredo le exhorta a irse, para que pueda labrar el futuro que desea allá donde haya posibilidades, aun sabiendo que lo perderá para siempre. Recuerdo rebobinar los cinco últimos minutos de la película una y otra vez para ver el final. Un maduro Totò, convertido en exitoso cineasta, recibe a solas en una sala de proyección el último consejo de Alfredo. Un regalo en el que el cine le recuerda las lecciones que ha aprendido de la vida: el valor de la amistad, del amor, de seguir los dictados del corazón y de burlar si es necesario a la autoridad. La melodía de Ennio Morricone actúa como un protagonista más, cautivando y envolviendo al espectador con su tono nostálgico. Aún hoy, cuando la escucho, se me eriza la piel y contengo el aliento.

El Club de los Poetas Muertos narra la historia de unos muchachos que estudian en la Welton Academy, en Vermont. En este caso, la poesía sirve a los jóvenes para comprender mejor la belleza de la vida y la crudeza del mundo. La película narra el descubrimiento personal de esos jóvenes y la búsqueda de su identidad, y muestra lo que puede significar perder la esperanza por alcanzar los sueños. Y al igual que en *Cinema Paradiso*, un mentor los acompaña durante ese camino, en este caso el profesor de literatura, interpretado por Robin Williams. Recuerdo con ternura la escena en que los estudiantes, poniéndose de pie sobre sus pupitres, le ofrecen un emocionado homenaje. Sus palabras resuenan en mi cabeza: «Oh, capitán, mi capitán». Las enseñanzas de estas películas se prendieron a mi corazón y me han acompañado a lo largo de mi vida.

Por eso podéis imaginar mi sorpresa cuando me encontré frente a frente con una versión femenina de Totò, el niño proyeccionista. Se llamaba Ana y, como el protagonista de *Cinema Paradiso*, había empezado a trabajar proyectando películas desde muy joven. Ana, con su profundo conocimiento técnico y gran bagaje cultural, siempre expresaba su opinión con firmeza. Amaba su trabajo y se sentía la persona más afortunada del mundo. El dueño de los multicines donde trabajaba desde hacía muchos años la apreciaba, aunque a veces se quejara de que la joven resultara excesivamente contundente a la hora de expresar sus ideas. Se notaba que de lo suyo sabía mucho. La llegada del cine digital hizo que las circunstancias de Ana cambiaran drásticamente, pues se sustituyó a los proyeccionistas —piezas fundamentales del cine analógico— por ordenadores. El empresario le dijo que haría un esfuerzo por recolocarla y le ofreció un puesto donde le faltaba personal: vendiendo palomitas en el bar.

La transformación digital ha descolocado a muchos profesionales como Ana. Ha provocado para ellos un punto de inflexión inesperado en su trayectoria. Ante el desconocimiento de sus mejores alternativas, la desesperanza ha hecho mella en ellos y les ha hecho dudar de que haya un sitio donde recalar. Sé, como headhunter, que sí existen alternativas, aunque encontrarlas requiere de un extraordinario esfuerzo de reubicación y adaptación. Yo, que soy optimista, echo la vista atrás y demuestro por medio de la historia que sí se puede. Porque la humanidad ya se ha enfrentado a este reto antes. Imagínate, si no, cómo era el mundo profesional hace veinte o cincuenta años. Y luego hace cien, doscientos o trescientos. Imagínate a los hombres y las mujeres en ocupaciones laborales de otras etapas de la historia y dime si no existen hoy más oportunidades que antes. Se trata de descubrir cómo adaptar el talento al entorno digital y encontrar un nuevo elemento. En mi libro *El mapa de tu talento* doy las claves de cómo hacerlo.

Ser optimista, sin embargo, no está reñido con el pragmatismo. Aunque existan nuevos puestos, no son fáciles de hallar ni de llegar a ellos: la determinación es una cualidad imprescindible para ello, para tener éxito.

Así pues, Ana se puso el delantal y rellenó con maíz cientos de bolsas de papel detrás del mostrador mientras se decía a sí misma que esa ocupación sería temporal. A la vez, seguía formándose en lo suyo, profundizando sobre el cuidado de las cintas y negativos en cursos y talleres durante su tiempo libre. Su sueño era trabajar en filmotecas, preservar el legado cultural de cientos de cintas acumuladas en sus estanterías. Contactó con algunos de los centros audiovisuales de localidades cercanas a su hogar sin resultado alguno y poco a poco empezó a perder la esperanza. Comenzó a creer que se había quedado obsoleta y que su única alternativa profesional sería ser palomitera. Su pareja, Eduardo, y yo tratamos de que recuperara la confianza. Nos preocupaba que se dejase llevar por la inercia. Valorábamos mucho su capacidad y estábamos convencidos de que en algún lugar habría alguien que apreciaría su talento de nicho, aun sabiendo que era difícil dar con él. No obstante, Ana, una persona preparada, segura, capaz, había perdido la fe en que hubiera sitio para desarrollar sus capacidades. Le insistimos en que hacía falta tiempo, que debía exponerse a distintas situaciones, que no dejara de buscar su hueco. Pero veíamos cómo su determinación se debilitaba.

¿Qué debería hacer Ana en ese punto de inflexión en su carrera? ¿Seguir o abandonar? Como el protagonista de *Cinema Paradiso*, tenía ante sí el dilema de quedarse donde estaba o iniciar un viaje de exploración. Sus alternativas eran diametralmente opuestas: el ámbito de la filmografía era una actividad de alto valor añadido pero con pocas opciones de empleo —quizá ninguna— a largo plazo. Nadie sabe a ciencia cierta si la profesión de técnico en material cinematográfico sobrevivirá a la digitalización. Mientras, en hostelería tenía un puesto fijo y futuras opciones de empleo, dado que el sector servicios es amplio y siempre necesita personal. Pero ni la apasionaba ni la estimulaba. Fuera la que fuese su decisión, indiscutiblemente influiría de forma notable en los siguientes pasos de su trayectoria profesional. En su vida. Y en su felicidad.

Puntos de inflexión que crean una carrera profesional

Hace muchos años comencé a formular la misma pregunta a los profesionales a los que conocía: «¿Cuáles han sido los puntos de inflexión críticos que te han hecho ser el ser profesional que eres hoy y el que quieres llegar a ser?».

La respuesta a esta pregunta siempre me ha ofrecido una foto más completa de las experiencias y aprendizajes de una persona que el relato lineal de su trayectoria. En la vida suceden eventos que provocan un giro drástico e inesperado en una carrera profesional, aunque no siempre se perciben cuando se viven. Esta pregunta obliga a los profesionales a echar la vista atrás y adquirir perspectiva, cuestionarse los factores que realmente fueron influyentes. En la respuesta me cuentan vivencias transformadoras, recursos que tuvieron a su alcance o de los que carecieron y que abrieron una alternativa inesperada. Las opciones que se convirtieron en oportunidades de calidad y los fracasos que fueron aprendizajes. También me muestran el proceso de decisión y priorización de unas frente a otras: su criterio. Cuando observan su vida profesional desde otro ángulo, pueden interpretar éxitos y fracasos en un contexto global que les permite adquirir y afianzar la visión de dónde están y adónde quieren llegar. Identificando sus puntos de inflexión, unen los puntos de su pasado con su presente y con el futuro que sueñan alcanzar.

Ana sabía cuál había sido el punto de inflexión que había variado su trayectoria. Era irrelevante su capacidad o la motivación por continuar: una circunstancia externa sobrevenida, la transformación digital, la había descolocado de su entorno natural y reubicado en otro más forzado. A pesar de lo duro de su situación, yo le dije que aún podía estar agradecida por algo. Que sabía que no estaba en su mejor emplazamiento, que su encaje era difícil: era, en definitiva, un círculo en un mundo de triángulos. Ante tal perspectiva, le indiqué que el siguiente paso era decidir qué hacer. Otros no son tan afortunados.

Cristina había seguido la vía de lo aparentemente correcto, como aquellos estudiantes del internado de *El Club de los Poetas Muertos*. La conocí en los años más duros después de la crisis de 2008. Ella vivía en Frankfurt y ocupaba una respetable posición en el sector financiero. Programamos una entrevista por Skype bastante tarde para asegurar que había acabado su jornada laboral. Era una mujer inteligente y ambiciosa. Y, sobre todo, muy joven, la más joven hasta entonces de todos mis clientes de marca personal. Cristina había estudiado empresariales en Madrid y gracias a sus buenas cualificaciones y dominio de idiomas, había conseguido un trabajo en un prestigioso banco en esa ciudad alemana. Gozaba de una posición estable y de gran responsabilidad y sus expectativas de carrera eran excelentes. Iba un paso por delante de los muchachos de su edad. Su familia, compañeros y amigos la felicitaban. Sin embargo, Cristina no se sentía bien del todo y creyó que trabajar en su marca personal la ayudaría. Decía que percibía un deje artificial en su comportamiento, como si existiera un freno que limitara su espontaneidad. Pensó que, adquiriendo herramientas para comunicar quién era y qué hacía, estaría más cómoda en su posición de ejecutiva del banco y se sentiría más natural.

La primera sesión fue muy bien. Con el objetivo de acentuar su imagen de liderazgo entre sus colegas y superiores esbozamos una primera estrategia… que nunca desarrollamos. Porque en aquella sesión descubrimos que lo que restaba naturalidad a Cristina no estaba relacionado con la imagen de directiva, la comunicación de su liderazgo ni la gestión de su networking estratégico. La razón era que estaba en el sitio equivocado.

Una vez escuché a un profesor de interpretación definir su función de la siguiente manera: «Mi trabajo como profesor es ayudar a los actores a identificar la espina vertebral del personaje que van a representar, aquello en lo que se asienta su carácter. La esencia de esa espina vertebral dirige todos los actos y pensamientos del personaje. Cuando un actor la descubre y se sitúa en ella, su actuación se vuelve soberbia porque resulta plenamente natural. Como si llevara un traje a medida que le sentara como un guante, pudiendo moverse con agilidad en cualquier escena». He de confesar que como consultora de talento a veces me siento como ese profesor de arte dramático. Analizo si los profesionales llevan un traje que fuerza sus movimientos, sus acciones, o uno que les permite ser naturales en el reto en el que están inmersos. Cristina acudió a mí pensando que tenía que trabajar su marca personal, pero en realidad llevaba un traje incómodo. No sabía lo que le fallaba, sólo que sentía que sus movimientos eran artificiales. Y aunque no podía concretar lo que necesitaba, algo en su interior le impelía a buscar lo que le faltaba. Cristina estaba, sin saberlo, provocando un punto de inflexión que la sacara de aquella desubicación.

Señales que confunden: falsos positivos y falsos negativos

Para descubrir lo que Cristina presentía, utilicé una herramienta que uso a menudo, una adaptación del concepto del *flow* de Mihály Csíkszentmihályi cuya aplicación y beneficios expliqué con detalle en mi primer libro, el ya citado *El mapa de tu talento*. Según la teoría de este psicólogo, las personas tienen unos conocimientos (*skills*) que les permiten afrontar unos retos (*challenges*) de forma dinámica y satisfactoria. Si se encuentran en el punto de equilibrio entre retos y habilidades, sienten que fluyen (fluidez profesional). Cuando los retos están por encima de sus habilidades, las personas sienten ansiedad (*anxiety*). Cuando sus habilidades son superiores a los retos que se les presentan, se aburren (*boredom*).

Sobre esta base y aplicando mis conocimientos como head-hunter, diseñé una metodología que permitía definir, con un alto grado de acierto, la afinidad entre las características de un proyecto y un profesional. Al aplicar la matriz al caso de Cristina, se reveló que sus cualidades eran más afines a entornos creativos y motivacionales y menos a ventas y ejecución, que era donde estaba. Esta información nos acercaba a la raíz del problema, pero si nos hubiéramos conformado, podría habernos dejado en la superficie. Un comentario casual sobre algo aparentemente sin importancia nos puso en la pista para encontrar el verdadero camino. Cristina me contó que estaba estudiando magisterio a distancia y que se examinaba de asignaturas sueltas cada año.

—¿Y eso? —le pregunté.

—Siempre quise estudiar magisterio —respondió—, pero al escoger carrera me aconsejaron que hiciera empresariales porque tenía más salidas.

Hace unos años, a la hora de elegir estudios, muchos profesionales como Cristina carecían de la suficiente perspectiva sobre las alternativas que ofrece el ecosistema profesional. Ahora, afortunadamente, es menos común, porque se organizan eventos como el Salón de la Enseñanza y, asimismo, muchos colegios y universidades cuentan con departamentos de orientación profesional. Pero como en su momento no había, o ella lo desconocía, Cristina optó por lo que le recomendaron en su círculo más cercano y conocía. La animé a profundizar en el ámbito de la educación, al ser una temática que le interesaba. Y cuando buceó en ese océano inmenso, descubrió un gran mundo de posibilidades para ella totalmente desconocidas hasta entonces. De manera figurada, se podría decir que Cristina creía conocer el mar por vivir en una ciudad costera, pero que un punto de inflexión la hizo descubrir los océanos de América, de la Antártida, de Asia, de Europa y de Oceanía, y sus mares: el mar de Groenlandia, de Amundsen, de China Oriental, el Mediterráneo, el Báltico o el de Coral. Tan diferentes unos de otros y ¡con tantas posibilidades para encontrar su mejor elemento!

En la vida, a menudo para llegar al mejor destino hay que recorrer caminos intermedios. Pero, ¡cuidado!, hay caminos que se alejan aunque parece que se acercan, e itinerarios que parecen estar en la dirección opuesta y luego resultan el mejor de los atajos. Experiencias fáciles que luego complican la existencia y duras vivencias que allanan futuras dificultades. Falsos positivos que abocan a ahondar en errores y falsos negativos que rehúyen la perseverancia en el error que llevaría al acierto.

- Un falso positivo es triunfar en una alternativa errónea. Ocurre cuando:
  - ▶ El talento excede las necesidades. *Como Cristina cumpliendo con éxito sus responsabilidades en la banca.*

- Un falso negativo es fracasar en la alternativa correcta. Ocurre cuando:
  - ▶ Se está donde no es: *cuando Ana creyó que no había un lugar para ella porque ya no se necesitaban proyectistas y en las filmotecas cercanas a su localidad no había plazas vacantes de su especialidad.*

Situarse en un sitio que es un falso positivo o un falso negativo no siempre depende de uno. Cada persona nace en el entorno histórico, económico y social que le toca. Lo que consiga dependerá en parte de sí misma y en parte del marco en que se encuentra. Las bailarinas afroamericanas Josephine Baker y Misty Copeland sortearon el falso negativo, aunque sus circunstancias influyeron de forma diferente. Josephine intentó abrirse camino en el mundo del baile y la música a principios del siglo XX. Como no le permitieron compartir escenario con bailarinas blancas, tuvo que desarrollar su carrera en cabarets. Estaba muy cerca de donde quería estar y aunque le decían que no tenía la capacidad para el ballet, ella lo siguió intentando, hasta lograrlo en la medida de lo que le dejaron. Misty Copeland, de piel de ébano, con una llamativa y desarrollada musculatura que recuerda más a una atleta olímpica que a una grácil danzarina, tampoco quiso escuchar a los que le decían que estaba en el sitio equivocado. Y al final logró hacerse un hueco, a pesar de resultar la antítesis del canon de la bailarina de ballet clásico. La carrera de Misty ha coincidido con un momento en que la sociedad amplía sus miras y acepta la diversidad de talento. Nadie duda del gran talento y determinación de ambas, pero sí que las circunstancias externas de Josephine Baker limitaron más su posibilidad de lograr su sueño que las de Misty.

El mundo del espectáculo también ayuda a explicar «falsos positivos». Cuando se acerca la entrega de premios cinematográficos como los Goya, es común encontrar en la prensa artículos sensacionalistas como «La maldición de ganar el Goya al mejor actor revelación». En ellos, los periodistas hacen un recuento de los actores noveles que ganaron el premio gracias a un soberbio trabajo en una película, pero que luego abandonaron su carrera cinematográfica, considerándolo un fracaso. Según ellos, claro. Me refiero a la interpretación del fracaso. Porque cuando entras a leer la letra pequeña de cada historia, descubres que aquella niña o niño, joven o adulto, fueron elegidos de forma fortuita para ese papel. Y lo que es más importante, que nunca quisieron dedicarse a ello. Algunas de esas personas siguieron con sus vidas, tras esa experiencia excepcional, persiguiendo sus verdaderos objetivos que no estaban donde las alfombras rojas. Tomaron aquella experiencia como un falso positivo, que les dio el éxito, pero no en lo que eran sus sueños. Ésos fueron los listos. Y también los afortunados. Otros no lo fueron tanto y sin saber que aquél no era su espacio, intentaron una y otra vez replicar un éxito que nunca llegó. Hundiéndose en el fracaso y la desesperación.

Contar con más capacidades que las que se requiere en una posición coloca a un profesional en la archiconocida «zona de confort». Un lugar donde la trayectoria profesional discurre con cierto aburrimiento. Cuando alguien se encuentra en un falso positivo corre el riesgo de confundir la competencia con la excelencia. Cristina era buena en su trabajo: era capaz, había aprovechado aquella oportunidad para alcanzar el éxito. Sin embargo, su motivación personal no conectaba con el proyecto. Sin pasión, aunque competente, con el tiempo era bastante probable que le faltara el aliento para llegar a ser excelente. Existía una gran probabilidad de que una vez consolidada su posición, terminara en esa zona del «aburrimiento», en la «zona de confort».

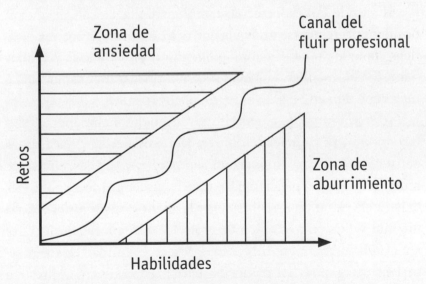

La zona de ansiedad puede ser fruto de un falso negativo.
La zona de aburrimiento puede ser fruto de un falso positivo.

Adaptación gráfica de Arancha Ruiz del concepto del «fluir profesional» de Mihály Csíkszentmihályi.

Cuando una persona ocupa una posición por debajo de sus capacidades durante demasiado tiempo, corre el riesgo de caer en la mediocridad o, lo que es peor, en la autocomplacencia: descuidar su formación, despreciar la colaboración y volverse inconsistente. Seguro que a todos os suena la historia de la rana dentro de una olla con agua que poco a poco se iba calentando. Estando caliente y cómoda se desentendió del incremento gradual de temperatura hasta que fue demasiado tarde para saltar. Por otro lado, la misma historia cuenta que otra rana fue lanzada a una olla de agua caliente y, notando el drástico cambio de temperatura, escapó de un salto. Estando ambas en la misma situación de peligro, sólo la que captó la diferencia de temperatura reaccionó, tuvo tiempo para cambiar y salvar su vida. En la zona de confort las personas tienden a ser más conservadoras y evitar el cambio. Por eso el peligro es mayor: están a merced de la inercia y, si un día el agua hierve, puede que no reaccionen ni se salven.

Tampoco estar en un lugar que te gusta basta, porque puede dejar de resultar satisfactorio si no se valora. Como le pasaba a Sara. Tenía dos niñas pequeñas y su marido viajaba mucho. Se habían conocido en Sevilla, a través de amigos de amigos comunes y él se sintió inmediatamente cautivado por su simpatía, su viva curiosidad y su carácter resolutivo. Era muy sencilla, para ella la naturalidad era muy importante. Siempre estaba presente en los ámbitos que le interesaban pero nunca buscaba el protagonismo. Sara había estudiado periodismo y le apasionaba el mundo de la comunicación, especialmente su aplicación en empresas para transmitir internamente objetivos y darles visibilidad en su entorno local y regional. Las ausencias de su marido hacían imprescindible su presencia en casa, por lo que buscó un empleo de media jornada. Se incorporó en una empresa industrial para la que el Área de Comunicación era casi un exotismo. Una ingeniería de más de cincuenta personas cuyo director general vio en aquella joven espabilada la oportunidad para probar la creación de esa área que jamás había existido y también, ya que estaba, un par de manos más de gran utilidad. Creyó que, si se equivocaba, el coste resultaría relativamente bajo y que, en cambio, si funcionaba, aportaría mucho valor.

Aquel director general acertó en ver el potencial de Sara. Mejoró notablemente la claridad de los mensajes de la web, creó un servicio de comunicación interna que permitía a todos los empleados estar al día de los avances de los proyectos y consiguió apariciones en prensa que aumentaron el prestigio de la compañía ante sus clientes. Todo un éxito, sobre todo para la empresa, pero no para ella. Porque, fiel a su carácter discreto y vocación de servicio, había terminado siendo, en lugar de la responsable de Comunicación, la asistente de Dirección. Ella sabía que no creían mucho en su función, sus logros profesionales en comunicación eran recibidos con una tibia enhorabuena y después con un nuevo recado operativo. Se dio cuenta de que, en lugar de dedicar el 80 % de su tiempo a la comunicación y el 20 % restante a actividades de soporte/administrativas, era justo al contrario.

Cuando la conocí, Sara estaba insegura de sus capacidades y también frustrada. Creía que el mercado laboral sólo vería en ella una empleada a jornada parcial con cargas familiares para roles administrativos en vez de una profesional con responsabilidades maternales para un puesto de comunicación. La dispersión provocada por continuos encargos en áreas distintas a las suyas le estaba haciendo perder profundidad técnica. No tenía ningún estatus en la organización. Sin embargo, descubrimos que sí que la tenía, aunque informalmente. El feedback de su entorno fue muy valioso para concretar sus atributos personales, entre los que destacaba especialmente su capacidad para hacerse con los recursos ante cada necesidad, una cualidad muy valiosa en un mundo cambiante. Aprendió que tenía que conseguir que personas clave percibieran su talento. «No sólo hay que ser buena, sino parecerlo.»

Así lo hizo. Se vinculó a la asociación de comunicación más importante de Andalucía y su proactividad no pasó desapercibida. Gracias a esta red encontró un nuevo empleo, dando el salto a una posición de más responsabilidad en una empresa líder en automoción de la región. Ya a jornada completa, Sara organizó, estructuró y dio contenido a su función. En ocasiones le frustraba ver cómo se perdían oportunidades para reforzar el prestigio externo de su empresa. Como no siempre su voz era tenida en cuenta, volvió a dudar sobre sus capacidades. ¿Cómo dar protagonismo al área de Comunicación cuando todas las otras áreas de la empresa parecían ser más importantes? Frente a Ventas, Marketing, Finanzas, Sistemas, Recursos Humanos, el área de Comunicación era la hermana pequeña y ella, como su responsable, se contagiaba de su pequeñez, de su falta de estatus.

Hicimos un nuevo ejercicio de análisis y reputación que permitió que Sara midiera sus avances desde que empezó a trabajar su marca personal años antes. Desde entonces había crecido mucho profesionalmente. Ahora contaba con el respeto de una amplia red de colegas y reconocidos especialistas del sector. Y pudo ver que le faltaba estatus interno, pero no tanto por ella, sino porque su función era considerada menor. Así que se propuso aumentar su autoridad. ¿Cómo? Ganando ella un mayor peso como directiva de Comunicación. Contagiando a la inversa: siendo más visible, explicando mucho más sus hitos y la finalidad de su rol. Sara, que siempre había evitado llamar la atención, comprendió que ganar autoridad no significaba sacrificar su naturalidad, sino ocupar un espacio, alzar su voz con la determinación que da saber el beneficio que puede ofrecer si le permiten participar como un igual. No lo hacía por ella, sino por todos los demás: un protagonismo al servicio de los otros. Como el verdadero liderazgo. El heroísmo. Me dijo que yo le había dado el mejor de los argumentos, pues le había enseñado a encontrar la verdadera ubicación. Saber cómo nadar en su *flow*: «Le dije: "Créete el valor de lo que haces, en el beneficio que aportas. Ser directiva es una actitud, no un título que aparece en la tarjeta. La mejor manera de llegar a ser algo es hacerlo. Muchos días me acuerdo de esta frase y me fortalece"».

Tan malo puede ser creerse que todo el éxito es atribuible a uno, como que los fallos son exclusivamente responsabilidad de uno. El éxito y la derrota de una batalla no determinan el curso de toda una guerra. Creerlo sí. Es peligroso interpretar tajantemente un «sí es sí» y un «no es no», porque el talento está en un entorno en movimiento y a veces es un «sí, pero ahora no», un «esto no, pero el resto sí», un «por ahora sí, pero luego será no» o un «aquí no, pero en otros sitios sí». Cuando en lugar de acotar el resultado de una acción a esa situación concreta se extiende su significado a futuras derivaciones, se pueden cometer grandes errores. En el caso de Sara la ubicación era casi buena, pero no se valoraba lo suficiente su función y cualidades. Cristina estaba en un falso positivo. Ana tenía dudas de si era un falso negativo.

Si el triunfo y el error, el sí y el no, no son indicios fiables, ¿cómo resolver la gran duda de la carrera profesional? ¿Cómo saber si perseverar o retirarse? Las palabras del libro *El arte de la guerra*, del célebre estratega militar chino Sun Tzu, pueden servirnos de inspiración en este sentido: «Si conoces al enemigo y te conoces a ti mismo en cien batallas no estarás en peligro; si no conoces al enemigo pero te conoces a ti mismo tienes igual es posibilidades de ganar que de perder; si no conoces al enemigo ni te conoces a ti mismo estarás en peligro en cada encuentro». Para acertar en la carrera profesional hay que analizar persona y entorno por igual.

Asimismo, cabe preguntarnos: ¿cómo convertir una ocasión en un punto de inflexión relevante? El teólogo, filósofo y escritor estadounidense de origen alemán Reinhold Niebuhr nos dejó una pista en esta oración de la Serenidad: «Señor, concédeme serenidad para aceptar todo aquello que no puedo cambiar, fortaleza para cambiar lo que soy capaz de cambiar y sabiduría para entender la diferencia».

CUANDO LAS FUENTES DE SABIDURÍA NO GUÍAN

Las ocasiones que brinda la vida nunca son del todo perfectas. Pero se pueden convertir en casi perfectas con valentía, talento y ayuda. Aun así, no siempre podrá tenerse éxito. Por eso es tan importante que la persona asuma con serenidad lo que no puede cambiar y tenga fortaleza para cambiar lo que es capaz de cambiar. Y, sobre todo, sabiduría para entender la diferencia. Las fuentes de sabiduría más habituales son información para interpretar la realidad y el consejo de mentores. El cine y la poesía para Totò y los muchachos de la Welton Academy de *El Club de los Poetas Muertos*, el consejo del proyectista Alfredo y del profesor de literatura Robin Williams.

Información y aliados permiten ganar perspectiva, valorar las consecuencias, ganar fortaleza y determinación. Y puesto que en mi libro *El mapa de tu talento* describí detalladamente cómo encontrar y seleccionar las mejores fuentes y redes, ahora quisiera abordar el punto de vista opuesto: cuándo cuestionarlas porque, en lugar de guiar, están confundiendo.

¿Cuándo cuestionar la información?

1. **Si la información es incompleta, o de mala calidad:** produce una visión de túnel que engaña y limita la visión total de las posibilidades reales. Como le sucedió a Cristina, que

eligió algo que no quería al no saber que existían otras vías profesionales.

2. **Si la información es buena pero su interpretación está sesgada:** puede hacer creer algo que no es. Por ejemplo, si una persona cree que fracasa por causas subjetivas por falta de competencias y capacidades, en lugar de por sucesos o recursos externos que no dependen de ella. Como Ana, que ante su falta de opciones empezó a creer que no era suficientemente buena.

3. **Si no se valora de forma equilibrada:** lleva a creer que todo es blanco o negro. Como Sara, que puso en duda su capacidad por contagiarse de la falta de estatus interno de su función.

Quisiera compartir otras dos historias que muestran el ejemplo de profesionales que cuestionaron lo que sabían y buscaron más allá de lo obvio:

Lino es consultor en una de las firmas de servicios más prestigiosas del mundo. En el competitivo mundo de la consultoría, a veces se cree que el éxito significa subir escalones en el organigrama y/o dar el salto a otra compañía a una posición más alta. Sin embargo, cuando Lino hizo un análisis más profundo de sus alternativas, amplió sus miras. Cuando le pregunté años más tarde por su situación, me contó lo siguiente: «Aún recuerdo la pregunta que me hiciste en una de las sesiones: "¿Has probado a cambiar de posición internamente?". Me dijiste que muchas veces las personas se quejaban de no progresar, pero que tampoco se esforzaban para encontrar otro camino en sus organizaciones. Pues así lo hice y sigo aquí en Accenture después de ocho años, ahora en Oriente Próximo. Mirar desde otro punto de vista impulsó enormemente mi carrera».

Por su parte, Silvia tenía un cierto perjuicio sobre el Área de Ventas a pesar de ser una gran vendedora. Movida por su sesgo, se empeñaba una y otra vez en recalar en otras áreas donde su actuación era correcta, aunque nunca destacaba para el nivel de sus competencias. Cuando se dio cuenta de que trataba una y otra vez de «ponerse otro traje», cuando revisó sus prejuicios, vivió un momento de realización en el que todos los puntos de su pasado se conectaron con nitidez. Tan poderoso fue para ella comprender cuál era su mejor ubicación, brilló tanto, que su reflejo fue captado y en menos de una semana le hicieron una oferta. Se convirtió en la flamante directora comercial de una importante empresa para España, Andorra y Portugal.

¿Cuándo cuestionar el consejo de aliados?

1. **Si se dejan llevar por su intuición en un contexto desconocido:** Daniel Kahneman —en su libro *Pensar deprisa, pensar despacio*— demostró que las intuiciones en dominios donde se tiene mucha experiencia son acertadas. Sin embargo, para que sean válidas, necesitan situarse en un entorno predecible y con una relación clara entre efecto y causa. En un mundo cambiante como el actual, las lecciones basadas exclusivamente en la experiencia pasada pueden conducir a direcciones equivocadas. Cuando Cristina se planteó estudiar magisterio, tanto ella como sus mentores creían que la educación o la psicología eran las únicas vías. Quizá hace veinte años era así, pero nada tiene que ver con el revolucionario y complejo sector de la formación y el desarrollo de personas que existe hoy, al que se puede acceder desde muy variadas disciplinas, desde las sociales hasta las económicas y tecnológicas.

2. **Si poseen una gran inclinación a agradar:** un aliado con tendencia a agradar a los demás anima a seguir caminos convencionales y no alienta a recorrer vías diferentes por su propio miedo. Entonces puede anteponer, a pesar de todo su amor, su «quedar bien» al interés del otro. Recuerdo a un directivo del ámbito de las finanzas que me contaba con gran frustración que su hijo quería estudiar diseño en lugar de económicas. El hijo tenía unas grandes dotes creativas y se pasaba el día haciendo dibujos y desarrollando iniciativas experimentales con su ordenador. Sospeché que sus motivaciones al orientar a su hijo tenían que ver con sus propias expectativas personales cuando mencionó con cierta envidia que uno de sus sobrinos había conseguido una beca de intercambio en finanzas en una prestigiosa universidad americana.

3. **Si resultan ambivalentes:** estamos rodeados de aliados que nos quieren mucho y buscan nuestro bien. Lamentablemente eso no les hace ser los mejores asesores de vida, en especial cuando unas veces nos apoyan y otras veces nos dan la espalda. Los aliados ambivalentes, de opiniones inconsistentes y variables, se convierten en grandes enemigos porque nos hacen perder el tiempo, consumen nuestra energía y generan gran incertidumbre. En lugar de evitar la inercia, sumergen a la persona más en ella.

   Es más útil un enemigo que se mantiene firme que un amigo ambivalente. Las personas críticas suelen exponer con crudeza los riesgos, aportan nítidas recomendaciones y ayudan a la persona a estar en alerta. De entre todos los aliados, el más efectivo es aquel que primero fue enemigo y después amigo. Quizá conozcas la historia del apóstol san Pablo, quien, de ser uno de los más temibles perseguidores de los cristianos, pasó a ser el principal agente de su expansión. San Pablo tuvo una revelación y cambió su pensamiento. Un enemigo convertido en amigo comprende mejor que nadie las dudas y sabe convencer con mejores argumentos. En este sentido, en *Originales*, Adam Grant advierte del peligro de los «frenemies», personas que unas veces te apoyan y otras veces te ponen en cuestión.

Los consejos bien intencionados pueden convertirse en terribles si se basan en mala información.

- Un aliado que se deja llevar por su intuición cuenta con información incompleta o de mala calidad.
- Un aliado con tendencia a agradar sesga erróneamente la información.
- Un aliado ambivalente no valora la información.

No es necesario tener cientos de aliados. Uno solo, si es bueno, es suficiente. Una amiga, la pareja, el jefe, un miembro del equipo, un colega e incluso una persona relativamente desconocida que expresa una verdad que nadie ha dicho. Basta una sola persona para encender la confianza de la persona sobre sus capacidades, para que pueda visualizar la idoneidad de las oportunidades, interpretar correctamente las señales y evaluar con perspectiva las decisiones. Para que pueda vencer la inercia y seguir con determinación el camino que le conduce a sus sueños.

HAZ CASO A TU INSTINTO. DESOBEDECE SI ES NECESARIO

Imagina al héroe ante la disyuntiva, al profesional ante su punto de inflexión. No siempre es libre en su decisión. A veces tiene que obedecer y seguir el camino que le indican otros. A las personas se nos enseña desde niños que obedecer a la autoridad está bien y que la desobediencia está mal. Obedecer tiene tanto sentido que lo hacemos a menudo, incluso cuando no tiene ningún sentido. Los dictados de la autoridad se asientan sobre el genuino convencimiento de que esa persona tiene mucho más conocimiento que nosotros y que, por consiguiente, se ha de seguir su indicación. Un progenitor, un docente o una persona con un puesto superior (que, por cierto, controlan también premios y castigos) son considerados más sabios y se siguen sus indicaciones sin rechistar. Para entender los efectos que la autoridad ejerce sobre las personas, te recomiendo el capítulo 6 de *Influencia*, de Robert Cialdini.

Hasta que, a veces, el instinto te avisa de que ése no es el camino acertado. Miquel Serracanta, director del máster de Supply Chain Management de EAE Business, me dijo en una ocasión: «Al tomar decisiones importantes, ten en cuenta sólo las opiniones de las personas clave en quienes confíes, pero al final decide en base a tu intuición». La intuición es el mejor indicador de que la información, el aliado, la obediencia o incluso la imitación de lo que hacen otros no te llevan por el mejor camino. El instinto, la intuición, el dolor de estómago o el insomnio son signos de que una voz en tu interior te pide que te cuestiones si estás en el sitio adecuado. La intuición avisa del cambio de temperatura. Del posible falso positivo o negativo.

Para Esther Paniagua fue su mejor aliada. Esther siempre había deseado ser reportera. Un futuro poco prometedor teniendo en cuenta la advertencia de una profesora el primer día de clase en la facultad de Periodismo: «Si habéis escogido esta carrera para trabajar como periodistas, ya podéis olvidaros. Nunca llegaréis a ello». Cierto es que había demasiados aspirantes a reporteros en las múltiples facultades de Ciencias de la Información del país para una demanda que por aquel entonces no era boyante. La situación sólo empeoró con la crisis de 2008, en pleno shock de un sector que aún no sabía cómo emprender su propia transformación digital. Su modelo de negocio estaba en jaque y las noticias sobre expedientes de regulación de empleo, despidos y reestructuraciones ocupaban las portadas de los propios medios.

Así las cosas, Esther se graduó en 2009 en el peor de los momentos, con una España sumergida en la peor crisis económica de las últimas décadas. Pero eso no la achantó. Envió cientos de currículos a redacciones de todos los periódicos del país. La única respuesta que recibió fue el silencio. ¿Sería cierto que nunca lo lograría? Hizo caso a su instinto. Perseveró.

Se presentó como candidata a puestos para los que sabía que no era idónea, sólo para que la conocieran. Dijo que no a propuestas que le darían dinero porque sabía que lo apartarían de su foco. Algunos colegas la tildaron de loca y le decían que tenía que tragar con lo que le ofrecieran, porque en el mercado había cien como ella. El rechazo parecía decir que sus oportunidades como periodista eran escasas y que era mejor dedicarse a otras áreas. Pero siguió adelante, alentada por las mariposas que aleteaban en su barriga cuando veía publicada una de sus historias.

Afortunadamente, desde que empezó la universidad supo que si quería trabajar como periodista tendría que especializarse. Había elegido, años atrás, la rama científica, considerando su importancia y que era un área en la que faltaban reporteros especializados. Gracias a que había obtenido varias becas de periodismo científico fue avanzando poco a poco. Había hecho incluso unas prácticas a mitad de carrera en la que para ella era la sección de Ciencia de referencia entre la prensa nacional por la calidad de su contenido y por la cantidad: tres páginas que se publicaban cada día en la versión impresa del diario *Público*. Al terminar la carrera hizo un posgrado de Información sobre Salud que la condujo a su primer contrato —¡uno de verdad!— en una editorial de temas sanitarios. Unos meses después decidió dar un paso atrás: dejó la empresa para aceptar una beca en el departamento de Comunicación de la multinacional farmacéutica AstraZeneca. Y estando allí recibió una llamada que lo cambiaría todo. La oportunidad de trabajar como redactora jefa de una publicación y de montar su propio equipo llamó a su puerta. Aquello que le habían asegurado que era imposible que ocurriera, sucedió.

En aquel trabajo estuvo a gusto durante unos años. Quizá demasiados para sus ansias de exploración y autonomía. Un día decidió que esa zona de confort no le iba, quería elegir sus temas como reportera y tener más independencia, libertad y flexibilidad. Así que dejó su trabajo y se estableció como *freelance*. Me decía: «La gente siempre cree que tienes que hacer estas cosas cuando te despiden y no cuando tú lo decides, pero yo creía en mí. Me moví mucho. Me aseguré que la calidad de todo lo que hacía era alta y fui puerta a puerta diciendo "hola" a los editores de temas científicos. Me pusieron cara, vieron que estaba de verdad interesada. Aseguré que mi trabajo fuera realmente de calidad y poco a poco fueron repitiendo. Lanzarse como *freelance* en 2014 y triunfar no fue suerte, sino confiar en mi instinto, en mis posibilidades y trabajar muy duro».

Esther Paniagua es hoy una reconocida periodista del ámbito científico y escribe para todos los que eran sus referentes cuando empezó: *El País, El Mundo, Muy Interesante, National Geographic...* Su trabajo es reconocido nacional e internacionalmente. Ha sido ganadora y también finalista en diversos premios de periodismo de instituciones tan prestigiosas como la Association of British Science Writers, la Fundación Instituto Roche, la Fundación Vodafone, Accenture o el Foro Transfiere, entre otras.

LA RECOMPENSA DE VENCER LA DESUBICACIÓN ES SITUARTE EN TU MEJOR ELEMENTO

Desde que era joven, había grandes expectativas puestas en Roberto. Hijo de catedrático, de buena familia en una ciudad de provincias donde todo el mundo sabe tu nombre y apellido, se sentía orgulloso de demostrar que estaba a la altura. Mientras los de su clase soñaban con lograr un estatus mediante una oposición o con intentar encontrar un trabajo en la capital, Roberto vivía estimulantes experiencias profesionales en ciudades como Bruselas, Londres y Nueva York. «Orgullo» era la palabra que reflejaba sus sentimientos y que reforzaba su autoestima. Se sentía como pez en el agua en aquellos entornos globales y diversos.

Después de algunos años, una oferta muy atractiva le devolvía a casa. Un buen tren para acercarse a la familia. La empresa era una de las más prestigiosas del sector, si no la que más. Todo parecía seguir siendo perfecto. Hasta que sus sueños empezaron a convertirse en pesadillas. El choque cultural de Roberto con aquella nueva empresa fue espantoso. Duró dos años, pero se hubiera ido al segundo día. Pensaba en sus padres, tan orgullosos de su hijo, del que presumían en su ciudad. No se atrevía a decir que no le gustaba, romper el ideal.

Finalmente encontró la tabla de salvación en forma de una empresa en la que lideraría grandes operaciones multinacionales y donde salvaría la cara. Aunque sorprendió un poco que se cambiara, paulatinamente fue aceptado, sobre todo porque los asuntos y los viajes seguían contribuyendo a crear una imagen sofisticada. Pero la verdad es que Roberto tampoco encajaba. La empresa era muy conservadora y sus líderes, mediocres; pocos abiertos a cuestionar sus decisiones, a aprender de los errores, a contribuir al trabajo en equipo. Encartonado en esta situación, Roberto entró en el juego. Jugó al poder, a la lucha de egos en un entorno que íntimamente consideraba tóxico pero que era una jaula de oro. Aguantó, hasta que otro provocó el desenlace. La venta de la empresa con entrada de nuevos inversores dio lugar a un baile de sillas y al ascenso de un colega con quien Roberto había tenido continuos enfrentamientos. Y a la calle. Despedido. El hijo del catedrático, el de Bruselas, Londres y Nueva York, el que había estado en empresas número uno, a la cola del paro. Desubicado y muy descolocado. Emocionalmente muy tocado. Y muy avergonzado tanto cuando explicó su situación a su mujer y a sus hijos como en los meses venideros.

Lo conocí cuando llevaba más de un año buscando empleo. Su autoestima estaba baja. No sabía cómo presentarse, siempre había sido «algo de» o «algo para» y ahora no estaba asido a nada. Su sensación de extravío quedaba acentuada por otro motivo: no entendía en qué había fallado. Él había seguido el guion, se lo sabía al dedillo. Había aguantado. Para él había sido impensable plantearse la posibilidad de cualquier otra alternativa, teniendo sobre sus hombros la responsabilidad del sustento familiar. Si seguir las normas no servía para alcanzar el destino, ¿cuál era el verdadero camino? Había sido candidato finalista en varios procesos, pero en todos habían elegido a otro que no era él. «¿En qué estoy fallando?», se preguntaba con insistencia. Tuvimos una conversación muy larga en la que, creo que por primera vez en su vida, narró con honestidad su trayectoria. Una charla en la que no habló el hombre de apariencia exitosa, sino el hombre sensible, con sueños y miedos como cualquier otra persona. Descubrimos que todo había ido bien o, digamos, razonablemente bien, hasta que Roberto se incorporó a empresas que no eran afines a su personalidad. Empresas de cultura interna conservadora en lugar de abierta, rígidas en lugar de flexibles. La clave fundamental era que su desubicación no era fruto de que le hubieran echado de su sitio, sino que desde hacía muchos años no había estado en su ubicación ideal.

Cada día me gusta más la palabra «proceso». «Proceso» es un conjunto de fases sucesivas de un fenómeno natural. «Proceso» es la acción de ir hacia delante. Me gusta la palabra «proceso» porque es lo más poderoso para el aprendizaje. Para la madurez. Para la realización personal. ¿Qué es más poderoso: que te digan cómo eres, te describan lo que te ha pasado o que lo descubras por ti mismo? ¿Qué valoras más: lo que te ha costado trabajo alcanzar o lo que te ha sido dado con facilidad?

Pude observar en el rostro de Roberto la realización sobre su proceso de aprendizaje. Me miró fijamente y me dijo: «Hace seis meses que estoy trabajando en un sitio que yo pensaba que era temporal. Una empresa joven, propiedad de unos chicos mucho más jóvenes que yo. Es una empresa de tecnología muy puntera. Son muy flexibles, innovadores, con una cultura abierta. Allí la gente es muy lista. Todos trabajamos unidos, no hay despachos. Nada que ver con lo que yo he vivido en los últimos diez años. Pero muy parecido a lo que yo tenía cuando trabajé en el extranjero. ¿Y sabes qué? Me siento muy a gusto. Me estoy divirtiendo mucho. Estoy disfrutando como no hacía desde hace tiempo».

Era tremendamente feliz pero, al ser la antítesis de los anteriores supuestamente prestigiosos, Roberto lo había considerado un paso intermedio. Que estaba de paso hasta volver a encontrar un empleo a la altura de las expectativas de otros. Entonces se dio cuenta de que lo intermedio habían sido las otras compañías, las de cultura rígida, mientras que sus inicios profesionales en empresas en el extranjero, dinámicas y abiertas y en la que estaba ahora eran realmente su sitio. Roberto no continuó su plan. Una vez que comprendió su verdadera naturaleza y cuál era su entorno ideal, no le costó nada volver a comunicar por sí mismo su marca personal.

EL APRENDIZAJE DEL VIAJE

«*You may miss the opportunity, but you may not miss the lesson*», escribe el Dalái Lama. Puedes perder la oportunidad, pero no puedes perder la lección. La carrera profesional no es un destino, es un camino. Un camino que conduce hacia los sueños y que, aunque está lleno de sacrificios, es preferible vivirlo que perdérselo.

La mejor ubicación del talento no reside en un lugar, reside en el fluir del talento y su aprendizaje. Si volvemos la atención sobre las películas que he mencionado, el momento álgido de *Cinema Paradiso* no es cuando Totò toma la decisión de dejar el pueblo, ni cuando se convierte en un exitoso profesional del mundo del cine. Tampoco lo es en *El Club de los Poetas Muertos,* cuando los muchachos se meten en líos o se enfrentan a sus peores miedos. El momento culmen llega cuando comprenden que la felicidad reside en el aprendizaje de intentarlo una y otra vez. Cuando se dan cuenta que las fuentes de sabiduría no son sólo palancas que han usado para acertar en las disyuntivas, sino que son parte de su esencia. El poema que recitan los jóvenes a Robin Williams, llenos de emoción como señal de respeto, señala el momento de realización. Cuando comprenden el secreto de la vida.

Ese poema lo escribió Walt Whitman como homenaje a Abraham Lincoln tras su asesinato. «Oh, capitán, mi capitán» habla de respeto, del afecto a las personas y la trascendencia de la vida. Narra el fin de un viaje gracias al cual el capitán ha logrado mejorar las cosas. Describe la celebración de la gente. Y también la pena. El capitán ha perecido en el camino y la alegría se torna amarga. Toda victoria conlleva sacrificio y sufrimiento. Como el que Cristina vivió durante su proceso de decisión antes de dejar su empleo estable en la banca en Alemania, como me contó en este email:

Querida Arancha:

Me hiciste mirar en mi interior y darme cuenta de que estaba a
tiempo de jugármela y cambiar de rumbo mi vida, y que no me iba
a arrepentir del resultado porque al menos lo había intentado.
Fueron meses duros pero cuando todos los días te vas a la cama
con una duda o un sueño, creo que hay que ser valiente y averiguar
si merece la pena correr el riesgo de perseguirlo o no. Al final el
tiempo me ha dado la razón, pero, claro está, después de
momentos muy amargos como los que viví al volver a buscar
trabajo durante meses en el Área de Recursos Humanos, convencida
de que las personas y todo lo que representan eran lo mío. Hoy día
en mi empresa hago sesiones de una hora con los empleados y los
invito a reflexionar sobre su vida, tanto personal como profesional.
Es una sorpresa lo que sale —al final no nos han enseñado a
reflexionar sino a ejecutar, y estoy convencida de que es uno de los
problemas de la sociedad—. En definitiva, ocupar con veintinueve
años el puesto de directora de Recursos Humanos y tener la
sensación de trabajar en algo que seguiría haciendo aunque no me
pagaran es lo más gratificante que se puede sentir. Y todo gracias
al clic que me ayudaste a accionar en el momento justo y que hizo
que persiguiera lo que me dictaba mi instinto.

Muchas veces pregunto a las personas que dudan: ¿qué sería
lo peor que te podría pasar si fracasaras? Identifícalo, descríbelo,
escríbelo si es necesario en un papel. ¿Es peor eso que seguir
igual? El miedo a lo desconocido genera mucha ansiedad. La mejor manera de vencerlo es concretar los riesgos. Al visualizarse en
el peor escenario, se pueden sopesar mejor los peligros y beneficios, y uno siente que controla mucho más los factores de riesgo
y que sabe cómo superarlos y tomar la mejor decisión.

¿Cuál es el mayor de los beneficios? El aprendizaje.

Hay muchas personas que no encuentran su ubicación a la primera, ni a la segunda, ni a la tercera. Pero no por ello cesan en su determinación. La única manera de encontrar el mejor elemento es buscarlo. La única manera de crear una oportunidad es intentarlo. Ninguna empresa o proyecto es perfecto, como tampoco son sus condiciones. A veces aceptamos el «no se puede cambiar» antes incluso de que nos lo digan. Pero se ha de intentar y lograr intervenir en el diseño de nuestros retos, convertirnos en arquitectos de su propio trabajo. Implicarse y participar en la creación de las organizaciones en las que se está y se quiere estar. Las organizaciones también deben ser responsables y hacer su parte del trabajo. No es tan difícil ni hay que inventar la rueda. Peter Drucker marcó un buen camino en los años cincuenta del siglo pasado. Desde entonces, otros autores como Gary Hamel y consultores expertos también están ayudando. Sólo hay que querer. E invertir. **Si quieres saber de verdad dónde está el corazón de las empresas, busca dónde ponen sus líderes el dinero y a sus mejores profesionales.** El resto son palabras que se las lleva el viento. Maquillaje para salir favorecidos en la portada de la revista, evitar impuestos o aparecer en los rankings.

Estamos rodeados de miles de ejemplos de personas que han sido capaces de vencer sus miedos y han perseverado hasta llegar a convertir su aprendizaje en el verdadero destino. Siempre existirán dudas. Pero, después de orientar a tantos casos profesionales hacia su mejor ubicación, he podido constatar una y otra vez que la felicidad no se alcanza al llegar a un sitio, sino al aprender las lecciones del camino. Como expresó con estas bellas palabras Whitman en su poema «No te detengas», del que reproduzco un fragmento:

No dejes que termine el día sin haber crecido un poco,
sin haber sido feliz, sin haber aumentado tus sueños.
No te dejes vencer por el desaliento.

No permitas que nadie te quite el derecho a expresarte,
que es casi un deber.
No abandones las ansias de hacer de tu vida algo extraordinario.
No dejes de creer que las palabras y las poesías
sí pueden cambiar el mundo.
Pase lo que pase nuestra esencia está intacta.
Somos seres llenos de pasión.
La vida es desierto y oasis.
Nos derriba, nos lastima,
nos enseña,
nos convierte en protagonistas
de nuestra propia historia.
Aunque el viento sople en contra,
la poderosa obra continúa:
tú puedes aportar una estrofa.
No dejes nunca de soñar,
porque en sueños es libre el hombre.

La mejor receta para huir de la desubicación es cuestionarse el porqué de la sensación de no encajar del todo, de la falta de naturalidad, de la sensación de posición forzada, del dolor de estómago. Preguntarse si llevas un traje que sienta como un guante, si tienes la información más fiable, si estás escuchando a los aliados adecuados. Y si las señales no son concluyentes, si tu instinto te avisa del peligro, reaccionar cuanto antes. Encontrar las palancas apropiadas para encontrar su nuevo camino: ampliar tu perspectiva, explorar en la dirección que tu instinto ha marcado, sin acallar nunca tu grito interior, asegurar que el consejo de tus aliados es generoso, madurado, equilibrado e incondicional y, por último, aprender de cada experiencia para poder aprovechar mejor la siguiente oportunidad cuando se presenta. Para ser un héroe de tu momento.

Quisiera terminar compartiendo contigo el punto y seguido de una de las historias que hemos compartido en este capítulo. Eduardo, la pareja de Ana, me escribió este email. Leerlo me emocionó.

Querida Arancha:

He estado en Móstoles impartiendo una charla para el plan estratégico de la ciudad. Lo que te quiero contar es que me acompañó Ana (casi a rastras) con el objetivo de presentarse profesionalmente en el Centro de Conservación de la Filmoteca Española y en la empresa SIT (su ideal de empresa en la que trabajar). El resultado es que llegó casi llorando (de felicidad) al final del día. Sin conocerlo, consiguió hablar con el conservador de la Filmoteca y, al cabo de unos minutos, se la llevó de la recepción a su despacho, donde la tuvo una hora preguntándole y dialogando con ella. En SIT la recibieron dos responsables de ingeniería y la sometieron a un auténtico «interrogatorio» sobre temas muy técnicos. (Mi deducción es que tienen algunos temas que no saben cómo abordar y estaban viendo si encontraban respuestas.) De regreso en el AVE me decía: «Ahora veo lo que me decía Arancha: que no soy una "palomitera" sustituible por cualquier otra persona, sino que tengo conocimientos y capacidades escasos y que son interesantes y necesarios para otros».
No ha obtenido trabajo de esas entrevistas pero no me extrañaría que tuviéramos noticias en poco tiempo. Además, ella quiere orientarse, más que a entrar en una empresa, a trabajar por proyectos para distintos clientes. Te lo cuento porque yo también estoy emocionado de ver el cambio que se está produciendo en ella y porque no dudo de que tú también estarás contenta de comprobar (una vez más, imagino) que tu trabajo da frutos geniales. Un abrazo.

Eduardo

¿Has tenido que superar el freno
de la desubicación para progresar?
A esta pregunta que te he planteado
al inicio del capítulo,
la respuesta de mujeres y hombres es:

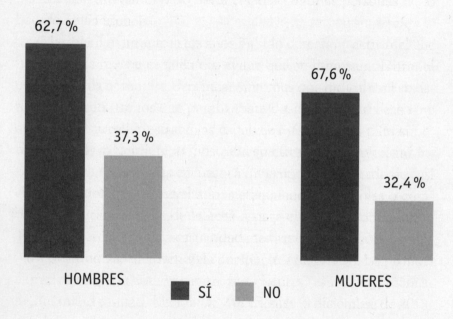

Desubicación
¿Crees que estás en el sitio **equivocado**?

SI DETECTAS ESTOS INDICIOS...	APLICA LAS 7 PALANCAS

- ✓ Tu entorno habitual cambia drásticamente
- ✓ Realizas actos forzados o no naturales
- ✓ Dejas de aprender
- ✓ Sientes una punzada en el estómago

1. Perspectiva
2. Ponderación
3. Capacidad
4. Aliados
5. Autoconfianza
6. Estatus
7. Acción

La zona de ansiedad puede ser fruto de un falso negativo.
La zona de aburrimiento puede ser fruto de un falso positivo.

La carrera profesional no es un destino, es un camino.

7 PALANCAS PARA VENCER LOS FRENOS

	PERSPECTIVA	PONDERACIÓN	CAPACIDAD	ALIADOS	AUTOCONFIANZA	ESTATUS	ACCIÓN
BENEFICIO	Descubrir tu posición relativa para saber si cuentas con la capacidad que necesitas.	Encontrar el equilibrio entre lo que tienes, lo que quieres, lo que puedes y lo que eres.	Asegurar capacidades y recursos adecuados.	Tener una red de apoyo que te fortalezca.	Mantener la determinación en momentos difíciles.	Ser tenido en cuenta.	Ser un héroe de tu momento y aprovechar la oportunidad cuando llega.
HERRAMIENTAS							
DESUBICACIÓN	Averigua dónde estás. Observa la situación desde distintos ángulos.	No te precipites en tus conclusiones. Diferencia los caminos acertados de los peligrosos. Alcanza el equilibrio.	Aprende para disfrutar del camino.	Pregunta a distintas personas, incluidas las críticas.	Interpreta objetivamente el fracaso. Lucha por lo que tú veas claro.	Convence a aliados para que se unan a tu causa.	Actúa con determinación y consistencia. Provoca puntos de inflexión. Sitúate en el camino que te conduce a tus sueños.

3

La inseguridad

(Segundo enemigo oculto en la inercia)

Responde a esta pregunta:

¿Has tenido que superar el freno de la inseguridad
para progresar?

☐ Sí ☐ No

Al final del capítulo descubrirás qué piensan al respecto
mujeres y hombres como tú.

El síndrome del pato de Stanford

Lucía era una estudiante modelo. La conocí siendo alumna de la asignatura de marca personal que yo impartía en un máster de IE Law School. Era brillante en sus trabajos, acertada en sus comentarios, querida por sus compañeros. Recuerdo su pelo rubio y su dulce sonrisa. Siempre se sentaba en primera fila, con su material de trabajo perfectamente colocado en la mesa.

Mi asignatura se imparte habitualmente en el tramo final del máster, antes de que los alumnos se zambullan en el inmenso océano del mercado laboral. Debido al prestigio de los programas jurídicos del IE en el sector, algunos alumnos suelen ya tener ofertas de empleo en despachos de abogados y empresas antes de acabar. Tal era el caso de Lucía: un despacho especializado en derecho bancario le había ofrecido un contrato de prácticas, antesala de una oferta firme de empleo.

Suelo someter a mis alumnos a la realización de múltiples cuestionarios para que aprendan a conocerse a sí mismos y a conocer su mercado, para que definan la mejor dirección para su talento.

Quiero que se lo cuestionen todo. Qué quieren, por qué lo quieren y cuánto lo quieren. Qué saben, cuánto saben y por qué creen que lo saben. Pregunto tres días antes de la clase y veinticuatro horas después. Hago preguntas en un sentido y luego las mismas en el otro para comparar resultados y que identifiquen coherencias e incongruencias. Pregunto tanto, que cuando estoy en un entorno más distendido, mis amigos me piden con cariño que me contenga un poco. Tanto en la ronda de presentación del primer día de la asignatura, como durante todos sus trabajos y cuestionarios, Lucía siempre hablaba del derecho bancario y de la que sería su futura empresa. Sus compañeros la escuchaban admirados. Sospechábamos que si no resultaba ser la número uno de la promoción, probablemente estaría entre las tres primeras. Todo en ella era una perfecta coherencia. Por ello te puedes imaginar mi sorpresa cuando, leyendo su trabajo de final de curso, me desveló una secreta vocación que había mantenido oculta a los ojos de todos.

Es probable que cuando te hable de descubrir la vocación oculta de Lucía tu imaginación evoque una profesión exótica, creativa o disruptiva. ¿Querría ser trapecista y hacer perfectas piruetas con su rubia melena ondeando al viento en el Circo del Sol? ¿Era cantante habitual de rancheras en karaokes y se había apuntado al casting de *La Voz*? Siento desmontar suculentas conjeturas: su objetivo seguía ligado al tradicional mundo del derecho, lo cual era aún más sorprendente, porque a Lucía le parecía un sueño tan imposible como ser trapecista o cantante de apasionadas baladas: ella quería ser abogada de derecho penal económico.

Como a mí no me parecía tan difícil, una vez en clase le pregunté por qué no lo intentaba. Su respuesta fue vaga. Me dijo que había pocos despachos especializados, que era muy difícil entrar, y qué sé yo qué excusas más.

—¿Lo has intentado? —le pregunté.

—No —respondió.

—¿Por qué? —insistí.

—Porque es imposible.

Su respuesta me dejó perpleja. Lucía no era de las que se desanimaran ante las dificultades, antes al contrario: se crecía ante los retos. Estaba sobradamente preparada para ser una candidata muy válida para cualquier firma jurídica. Por muy pocos abogados que incorporaran cada año, yo sabía que Lucía tenía posibilidades. Intuí que había algo más. Así que siguiendo mi costumbre —y puede que también mi defecto— indagué hasta dar con el motivo que la frenaba.

Pensando en Lucía vino a mí un concepto muy interesante llamado **síndrome del pato de Stanford**, que había leído hacía tiempo en *El caparazón*, de Dolors Reig, uno de mis blogs favoritos. Formulado por un tal doctor Kolmes, este síndrome explica la gran tensión que existe bajo la aparente imagen de éxito de los estudiantes de Stanford. Según este investigador, estos alumnos viven una gran ansiedad por ser perfectos, con una alta presión imperceptible para el resto y puede que también para ellos mismos. Se deslizan grácilmente en su estanque, como hacen los patos, nadando con suma elegancia, mientras en realidad lo que hacen bajo la superficie aparentemente tranquila es agitar las patas como locos. Lucía era una muchacha lista, apreciada, con éxitos en su haber, recursos para apostar por otra alternativa. Lo tenía todo para dar el paso… ¿por qué no lo hacía? ¿Qué podía estar menoscabando su determinación? ¿Estaría pataleando con gran fuerza hacia la dirección equivocada? Su vacilación me ayudó a descubrir que, a pesar de estar sobradamente preparada, le faltaba confianza. Carecía de referentes cercanos y no encontraba la motivación para encontrarlos. Lucía desconocía sus posibilidades reales y yo intuí que quizá lo que de verdad le daba miedo era descubrir que realmente no estaba a la altura del propósito que deseaba alcanzar.

La amapola y el cisne

El corintio es el más elegante y ornamentado de los estilos arquitectónicos clásicos. También era el nombre de una importante ciudad-Estado griega, uno de cuyos más conocidos gobernadores fue Periandro, que vivió en el siglo VII antes de Cristo. Durante su regencia, Periandro realizó algunas reformas significativas relacionadas con sus accesos al mar y la supresión de impuestos. Pero su nombre no pasó a la historia por sus bondades, sino por sus maldades. Aristóteles se inspiró en él y en la narración del siguiente episodio del historiador griego Heródoto para considerarle la personalización del tirano más malvado:

Periandro solicitó consejo a Trasíbulo, gobernador de Mileto, sobre cómo dominar mejor y de forma más segura su ciudad. Envió un heraldo que fue conducido por Trasíbulo a un campo sembrado a las afueras de la ciudad. Caminando entre las espigas, el gobernante de Mileto le preguntaba una y otra vez por qué había ido a verlo mientras cortaba los brotes más altos de trigo que veía a su paso y los arrojaba al camino, hasta que hubo destruido la mejor y más rica parte de su sembrado. Luego, y sin mencionar ni una palabra ni consejo, despidió al heraldo y lo devolvió a casa. Ya en Cípselo, el hombre explicó a Periandro, que esperaba ansioso el consejo, que Trasíbulo era hombre muy extraño, un loco y destructor de sus posesiones. narrando lo que había visto hacer y diciéndole que no le había dado ningún consejo. Sin embargo, Periandro interpretó que Trasíbulo le había aconsejado eliminar a aquellos ciudadanos que tenían habilidades o influencias fuera de lo común, por lo que comenzó a tratar a sus ciudadanos de una forma desconsiderada y malvada.

En su relato, el séptimo y último rey de Roma llamado Tarquino el Orgulloso fue a su jardín y, tomando un palo, cortó los extremos de las amapolas más altas que allí crecían. El mensajero contó lo que había visto, subrayando Aristóteles que el gesto daba la instrucción de «eliminar a los ciudadanos más eminentes de su ciudad». Y así se hizo.

Esta historia da pie en nuestros días a lo que se conoce como síndrome de alta exposición o síndrome de la amapola alta —*tall poppy syndrome* en inglés—: la tendencia de algunas organizaciones y líderes de eliminar o anular a las personas que destacan por encima del resto. «¡Qué cosa más extraña!», pensarás. Anular precisamente lo que hace sobrevivir a una organización. Pues sí, por desgracia existen empresas cuya cultura castiga a las personas que sobresalen. Personas que son odiadas, criticadas y atacadas por sus propios colegas, equipos y jefes. Esto hace que las que tienen un talento especial y diferente huyan de estos entornos o, si no pueden, para sobrevivir los contengan, los oculten y se integren en la homogeneidad y la indiferencia. Afortunadamente no todas las empresas son así. Me consta que hay otras que promueven la cultura contraria: la innovación, el aprecio a la diversidad y a la excelencia. Y que incluso están tratando de migrar de una cultura tóxica y envidiosa a ésta. Porque cada día está más claro que la colaboración, incluso entre competidores, es lo que ayudará a la adaptación y la supervivencia en este mundo en continuo cambio e imparable innovación. Este nuevo principio se llama «coo-petición»: colaborar para competir, que se basa en la creencia de que el progreso de uno ayuda a avanzar al otro, aunque sean competidores, y éste a su vez ayuda al siguiente. Para que, juntos, todos vayan creciendo.

¿Te has sentido alguna vez como una amapola a la que pueden cortar la flor, la cabeza, si destacas demasiado? ¿O más bien como un patito feo, criticado por ser distinto al resto? Éste fue el caso de Isabel. Ella nunca había oído hablar de Periandro, de las amapolas ni de la coo-petición. Pero sí que sabía lo que era trabajar en un entorno incómodo, sentirse incomprendida, ignorada.

Cuando le pedí que reflexionara sobre los inicios de su carrera profesional, se dio cuenta de que siempre había vivido con la sensación de no ser aceptada totalmente, como defendiendo o justificando sin descanso su posición. Como no había conocido otra cosa, incluso durante un tiempo llegó a creer que el mundo profesional era eso, hasta el punto que no entendía a qué se referían los otros cuando hablaban de la pasión por tu trabajo.

Al terminar sus estudios, Isabel se había incorporado a la empresa familiar vinculada a la industria del vino y la restauración. Discutía a menudo con su padre, que jamás entendía sus propuestas comerciales creativas y transgresoras. También eran continuos los enfrentamientos con su hermano, con el que gestionaba a medias la empresa. Eran como la noche y el día. Cuando recibió unas acciones con derecho a sentarse en un consejo, fue ignorada por el resto de los miembros. Además, en el plano personal, tuvo que aprender desde muy joven a luchar contra una enfermedad crónica y lidiar con los brotes que la dejaban postrada en la cama con terribles calambres y dolores. Pero tenías que verla. A sus treinta y pocos años, era muy atlética. Toda ella optimismo y creatividad. Me resultó muy fácil percibir su brillo especial. Y no sólo lo percibí yo. Coincidimos por primera vez en una cena con algunos de mis conocidos y todos sin excepción quedaron cautivados por su ingenio. Por entonces, Isabel ya había dejado la empresa familiar y montado su propio negocio, un portal de noticias del mundo del vino, que se había convertido en una publicación de referencia. Había sabido aprovechar con acierto oportunidades abiertas por la tecnología en su sector y ahora ayudaba a bodegas, tan inquietas como ella por la innovación, a transformarse. Su comunicación tenía un enfoque fresco y moderno que destacaba por encima de todos los demás. Su cabeza sobresalía.

A pesar de sus éxitos, un día me confesó que aún sentía una gran inseguridad. Isabel era brillante. De verdad que lo era. ¿Por qué tenía dudas sobre sí misma? Me di cuenta de que la razón era que había pasado demasiados años escuchando lo contrario. Algunos, por orgullo, no habían querido reconocer su ingenio. Otros simplemente no habían sido capaces de verlo. O de aceptarlo. Gestionar una empresa diversa es mucho más difícil que organizar la homogeneidad. Aceptar la diversidad de opinión y enfoque de un grupo produce mayor desgaste que lograr alineamientos de todos sus miembros ante un tema determinado. Si el líder tiene una visión acertada, una organización homogénea será más ágil y rápida. Pero si erra, caerán por el abismo, todos a una, sin remisión.

Si recuerdas el cuento, el pobre patito feo había tenido que abandonar su estanque creyendo que no era su sitio. Había sentido hambre, frío, miedo, soledad e incomprensión. Pasado el tiempo, el patito feo regresó a su estanque porque aunque lo hubieran echado, era su hábitat natural. El tiempo de viaje y exploración le había hecho crecer. La experiencia había transformado su cuerpo, dando forma a sus alas, fortaleza a sus patas, blancura a sus plumas. No obstante, aquel patito feo aún se veía como un feo patito siendo incapaz de reconocer su belleza. Hasta que uno de los cisnes reconoció su identidad y le hizo darse cuenta de que no era un patito feo: era un hermoso cisne, era uno de ellos.

No fui yo la que identificó la verdadera esencia de cisne que había en Isabel. Como el patito feo, motivada por el orgullo, la necesidad, o ambos, ella había iniciado un viaje para encontrar su lugar. Con parte de sus ahorros se financió un programa ejecutivo para mujeres en Stanford. Fue admitida tras superar duras pruebas de admisión y compartió aula con extraordinarias ejecutivas de las mejores empresas multinacionales del mundo. Estuvo sentada con ellas, aprendiendo y participando como una igual. En una de las jornadas sobre gestión de la carrera profesional, todas debían explicar su situación y el resto daba feedback. Todas unánimemente y sin excepción aconsejaron a Isabel que saliera de donde estaba y creara su propio proyecto. Que cambiara de bandada, pero no de estanque. El mundo del vino era su hábitat. Sabía mucho de la industria vitivinícola y tenía intuición para transformarla. La oportunidad estaba servida y su talento, preparado. Isabel obtuvo el apoyo de personas que la inspiraban y que le demostraron que tenían plena confianza en sus capacidades y posibilidades. Le recordaron que era una de ellas.

Había encontrado su tribu. Después de aquella experiencia, desplegó sus bellas y poderosas alas y voló muy muy alto. Y aun así, todavía de vez en cuando, no podía reprimir el recuerdo de ser un patito feo. La ausencia de estatus, la falta de aprecio continuada había hecho una gran mella en ella. ¡Llevaba tantos años escuchando críticas…! Tantos años de: «¿Ves cómo no vales?».

Aquella metáfora resultó reveladora para Isabel. Comprendió que la crítica jamás había sido realmente sobre sus éxitos o fracasos, sobre sus acciones. Había sido sobre ELLA. Nunca había sido escuchada como una igual porque aquellos de los que buscaba la admiración y el aprecio no eran sus iguales. Se dio cuenta de que se había equivocado al creer que las críticas eran acertadas porque lo que rechazaban era la diferencia. Cuando volvió a casa después de nuestra conversación, lo primero que hizo fue sentarse frente a su ordenador. Tecleó unas palabras en el buscador y durante unos minutos sus ojos y sus dedos se coordinaron hasta encontrar exactamente lo que quería. El sonido de la impresora, de ritmos intermitentes e irregulares, revelaba una imagen atípica en aquel folio en blanco. Isabel tomó al vuelo la hoja antes de que cayera al suelo y se dirigió con decisión hasta la nevera, donde la fijó con imanes. Después la observó satisfecha, tomó su móvil y comenzó su ronda habitual de llamadas a su equipo y clientes. Desde la superficie metálica del frigorífico la figura de un extraordinario cisne de porte imponente y belleza sublime, mirada directa y valiente, observaba a Isabel mientras trabajaba.

El efecto pernicioso de la modestia

Identificar el freno de la inseguridad en profesionales aparentemente exitosos y seguros de sí mismos ha sido posiblemente de los retos más difíciles a los que me he enfrentado como consultora de talento. Entre otros motivos, porque suele estar enterrado bajo otras carencias más visibles y ni los mismos profesionales perciben que es una debilidad. Las alertas se han disparado con indicios de incoherencia, comportamiento de contención y aislamiento extraños respecto a su trayectoria anterior. También en señales de signo contrario, como una excesiva arrogancia, narcisismo o agresividad. O cuando una persona ha actuado de forma complaciente y afable con iguales y superiores y después de forma déspota, arrogante o impaciente con personas de menor rango.

Muchos profesionales temen ser castigados por estar en entornos que padecen el síndrome de la amapola. A pesar de estar preparados, ser brillantes, tienen miedo a mostrar sus méritos por la cultura de donde están o porque, incluso en organizaciones abiertas, caen bajo las órdenes de un líder obsesionado con impedir que nadie le quite el puesto. Preciosas flores que tratan de no ser decapitadas, que frenan sus posibilidades de crecimiento y desarrollo. Organizaciones y líderes han de impedir que se desarrollen estas culturas que asfixien el talento, frenar a los jefes que anulen el talento de sus equipos. Han de crear canales de comunicación para denunciar malas prácticas, ser inflexibles con quienes practican el síndrome de la amapola. No cortar el tallo del que destaca, sino quitarle el palo o incluso expulsar al que lo haga. Promover la admiración fomentando la visibilidad de los méritos desde la sana competitividad, la búsqueda de la cooperación y el honesto aprecio del talento.

La falta de visión sobre las capacidades y posibilidades reales genera inseguridad en los profesionales. Sin perspectiva, carecen de referencias porque no saben quiénes son sus iguales, cómo son ni dónde están. A veces temen compararse porque, como una vez me dijo una persona: «Si no sé dónde está el nivel, tampoco puedo descubrir que no estoy a la altura».

Las personas a veces no miran ni se comparan por modestia. La modestia ¡ah, esa gran virtud! Pero cuidado con ella, puede resultar un arma de doble filo. Se cree que la humildad y la modestia son lo mismo, pero, aunque se parecen, entre ellas existe una sutil e importantísima diferencia: mientras la persona humilde goza de seguridad y está cómoda consigo misma, la que actúa con modestia no tiene por qué. La persona modesta puede moderar y templar sus acciones porque considera que es lo que tiene que hacer. Se contiene para ser fiel a sus principios o para cumplir las expectativas de los demás. Pero, al hacerlo, puede que esté anulando la mejor herramienta para combatir su inseguridad: el aprecio social. Al no mostrar las capacidades, pasan desapercibidas. No pueden ser apreciadas.

Ahora viene la descripción de cómo inseguridad y modestia se alimentan, aunque parezca un galimatías. El aprecio social sirve para que una persona crea en su propia capacidad. La seguridad aumenta con el aprecio social, y el aprecio social con la visibilidad, que una persona que trata de ser modesta no buscará. Como la inseguridad alimenta la inseguridad, y la modestia aleja el aprecio social que la minimizará, la persona se quedará atrapada en un círculo vicioso. A merced de la inercia.

Como le pasaba a Pablo. Pablo tenía un ojo especial para la estética y el diseño. Aunque al principio de su carrera había trabajado en publicidad, le gustaba mucho más intervenir en la creación plástica de las cosas que se imaginaba. Por eso terminó dirigiendo su carrera hacia el visual merchandising. Su talento no había pasado desapercibido en los procesos de selección entre sus compañeros y colegas, así que fue trabajando, siempre llamado por unos y otros como diseñador de espacios para las mejores marcas de moda del país. Él bromeaba quitándole importancia a su genialidad diciendo que, con sus dos metros de altura, tenía un ángulo distinto de visión. Indiscutiblemente tenía un ojo muy especial para crear belleza, detalles, provocar una aureola que hacía sentir a los clientes sensaciones agradables y únicas en cada tienda. También era muy bueno con la gente. Siempre amable y conciliador, un gran cohesionador de equipos. En un momento determinado, dejó su carrera para ayudar a sus padres, que necesitaban su apoyo en el negocio familiar, también relacionado con el sector retail. Dejó viajes, reconocimientos, independencia… para volver a casa y ayudar en el negocio familiar. Restableció el orden y la confianza. Pablo, tan responsable, supo ser el pilar que necesitaban sus progenitores. Pasado un tiempo, cuando ya todo estaba estabilizado, vino a visitarme porque quería planificar con tiempo su vuelta a la moda y las tiendas. Me dijo que se veía como delegado de área, un puesto de coordinador de varias tiendas de una zona: funciones de seleccionar equipos y asegurar resultados de ventas. A mí me pareció de primeras muy bien, yo no lo conocía apenas y parecía razonable que del negocio familiar el siguiente paso siguiera relacionado con las tiendas y su organización. Hasta que escuché lo que otros decían de él. Todos los colegas de Pablo ponían de manifiesto su capacidad de creación y diseño. Incluso la fundadora de una de las marcas líderes de complementos en el país lo había llamado personalmente para que le diera su opinión sobre su nueva tienda. Sin embargo, él no le había dado mucha importancia. Consideraba que era una gran falta de modestia creerse bueno, o todavía peor, superior a los demás. Pero lo era. Y ese freno estaba a punto de llevarle a un sitio por debajo de sus posibilidades y que, además, le motivaba menos. No superarlo supondría la pérdida de un excelente visual merchandiser para tiendas y espacios que lo necesitaban. Su excesiva inseguridad lo estaba llevando a un lugar equivocado y la modestia impedía que el aprecio de los demás la contrarrestara.

Estrategias para vencer la inseguridad

Un día usé la imagen de la diosa de la Justicia para explicar las distintas estrategias que podían controlar la inseguridad. Primero describí paso a paso su imagen:

Imaginad una diosa de la Justicia, cincelada en mármol. Sólida. Erguida sobre un pedestal, donde todo el mundo puede admirarla, dejarse asombrar por su belleza y autoridad. En una de sus manos sostiene la balanza, signo de equilibrio entre verdad y justicia. En la otra, una espada como símbolo del poder de la razón. Como el poder que da la preparación y la autoconfianza.

Y acto seguido, para conectar la descripción con los mensajes que quería darles, añadí:

En los ojos, una venda indica la ausencia de favoritismos.

Una vez me aseguré de que todos la visualizaban, continué:

Ahora hablemos de cómo vencer el freno de la inseguridad:

- La inseguridad cubre los ojos de las personas con una venda, impide a los profesionales conocer su posición relativa, tener perspectiva.
- La inseguridad empuja a blandir una afilada espada contra los que pueden ser aliados, a dañarse incluso uno mismo por miedo a ser herido.

- La solidez del material con el que están construidos la estatua y su pedestal ayudan a fortalecer la seguridad del profesional. Sus competencias, su motivación por perseverar le fortalecen.

La inseguridad también puede tener su origen en un trato injusto. En una falta de reconocimiento, de estatus. La balanza que porta la diosa de la Justicia no sólo representa el equilibrio, sino también la equidad que debe regir e inspirar la relación social para que el entorno no frene el talento.

Aunque este símil resultara un poco forzado, te aseguro que me ayudó a ir encajando las piezas para que mis alumnos comprendieran que la inseguridad se alimenta de varios elementos y requiere la acción de distintos resortes. No es algo que se supera sólo con el aprendizaje constante, la colaboración y la persistencia. La temática de aprendizaje puede ser irrelevante para los objetivos o parecer que nunca es suficiente. Uno puede apoyarse en aliados equivocados. O se puede estar perseverando en una dirección equivocada. Para vencer de verdad la inseguridad y encontrar el camino correcto, hay que cuestionarse lo aparente, ganar perspectiva, solidez, equilibrio y determinación actuando sobre estos siete factores:

- **Perspectiva:** conocer la posición que se ocupa, absoluta y también relativa.
- **Ponderación** entre lo que se quiere, lo que se tiene, lo que se puede y lo que se es.
- **Capacidad:** contar con las competencias y recursos adecuados.
- **Aliados** que ofrezcan información, recursos, que apoyen y motiven.
- **Autoconfianza:** fe en uno mismo.

- **Estatus:** marca personal que genere confianza y respeto en los demás.
- **Determinación** para perseverar y lograr los retos.

Como en otras ocasiones, más que las alegorías y la enumeración de las estrategias, lo que de verdad hizo clic en mis alumnos fueron los ejemplos reales que les conté. Se identificaron con sus historias y sintieron que las aventuras de estos héroes, primero atribulados y después triunfantes, podían ser perfectamente las de cualquiera de ellos.

Retirando la venda

La imitación social es muy habitual: ponerte en la cola de la ventanilla más larga «por si acaso», aunque haya otra abierta sin nadie esperando. Correr si otros corren sin conocer el motivo. Copiar el modelo de vestimenta incluso si no es tu estilo habitual, sólo para no desentonar. Cuando una persona no tiene información suficiente por sí misma, busca referentes que le digan qué hacer. Lo que se conoce de toda la vida como «fijarse en lo que hace el de al lado». Es lo que en psicología social recibe el nombre de «prueba social». Recurrir a la imitación al carecer de suficiente información. Después, conforme las personas aumentan su conocimiento, suelen despreciar —incluso demasiado— el valor de la «prueba social». La relación entre experiencia e imitación se vuelve inversamente proporcional. Pero, ¡cuidado!; si imitar sin cuestionar puede ser peligroso, dejar de cotejarse con los iguales también lo es.

La comparativa es tan habitual y útil como la imitación social. Ayuda a las personas a emitir un juicio de valor. Decimos que alguien es alto o bajo porque comparamos su altura con la media de otras personas. Un niño de doce años puede ser alto para su edad, pero bajo si se compara con uno de quince. Una casa puede resultar cara respecto a una noche de hotel y barata comparada con el precio de una mansión. Un profesor de bellas artes puede ser mejor que sus alumnos de primer curso, pero puede ser peor que otros colegas docentes o un artista. Un contable puede ser extraordinario en una empresa si el anterior había sido un fiasco o ser percibido como pésimo si el anterior dominaba operaciones complejas que él no. Una persona será valorada por lo que sabe en abstracto (la técnica de la pintura, la contabilidad) y también por la posición que ocupa respecto a otro individuo de similares características (el colega, el predecesor en el puesto).

Como expuse anteriormente, el aprecio de los demás impacta directamente en la autoconfianza. Una persona insegura es mucho más vulnerable a la interpretación de cómo la ven los demás que una segura. Y como vimos, cuando una persona deja de compararse por inseguridad, en lugar de mitigarla provoca el efecto contrario. Al no saber cuál es su medida, al desconocer la «nota de corte», tampoco sabe si ha llegado. La inseguridad le hace buscar la mejora continuamente, incluso si ha llegado e incluso superado el nivel de la media. Esforzándose sin descanso, en una espiral de autoexigencia sin límites.

Una vez tuve la oportunidad de ser testigo de ello. En un taller para el desarrollo del liderazgo femenino y marca personal realizamos una dinámica de LEGO® Serious Play con directivas. Se les dio a cada una de ellas una pequeña bolsa con piezas de LEGO® y se les pidió que construyeran una figura que representara lo que significaba para ellas el «liderazgo femenino». Las mujeres, sentadas alrededor de una gran mesa redonda, trabajaron con concentración mientras la facilitadora y yo observábamos su labor. Una vez finalizada, se les pidió que una a una describieran a las demás lo que significaba su construcción.

Nunca olvidaré la emoción que sentí. Cuando mujer a mujer fueron explicando lo que representaba cada pieza de su figura se generó entre todas una corriente de mutua comprensión. Un concepto familiar nos resonaba mientras se sucedían las explicaciones de los mismos elementos, cada una con sus propias palabras: la necesidad de autenticidad, la presencia del color como signo de feminidad, la movilidad de las piezas para siempre tener dinamismo y la adaptabilidad, el espacio para la búsqueda continua de mejora, de oportunidades y de aprendizaje de nuevas herramientas. La importancia del equipo y de creación de canales para acceder a un líder que ofrecía apoyo y protección. La autoexigencia de ofrecer una imagen de fuerza, la pasión y a la vez la búsqueda de la humildad. La vocación de servicio. Destacaba por encima de todo una constante: la búsqueda del equilibrio personal. Usaron distintas piezas para simbolizarla: una un timón, otra una flor, otra una balanza... Fue revelador que al menos un 20 % de ellas se quedaran sin gancho donde ensamblarlas, de tanto priorizar otras piezas. Así, quedó el símbolo de su espacio personal fuera, aislado y separado, en un segundo plano respecto al conjunto central.

Tuve que hacer un gran esfuerzo por no dejar caer las lágrimas que me afloraron a los ojos, al constatar las hercúleas exigencias que se autoimponían aquellas mujeres. Creían que debían tenerlo y ser TODO.

¿Qué cualidades definen a un líder? Mi experiencia de headhunter me hace saber que la elaboración de un perfil perfecto comienza a menudo con una lista de atributos. Al principio es muy larga porque integra algunos que sabes que sólo serán necesarios en casos de urgencia o circunstancias inesperadas. Luego, el sentido común y la dimensión te devuelven a la realidad y dicha lista se va reduciendo hasta quedarse con los imprescindibles y más polivalentes. Los seleccionadores, como expuse en *Qué busca el headhunter*, somos conscientes de que es imposible que una única persona los tenga todos. Aquellas directivas demostraban con sus construcciones de LEGO® que se autoimponían la lista de atributos total, sin priorización y sin renuncia de ninguno de ellos. Además, por supuesto, incluían el «descuento de género», que describe Sheryl Sandberg en su libro *Vayamos adelante* (Conecta, 2013). Éste es una sanción que asume que la mujer tiene un deber natural hacia la comunidad y que, por tanto, «estar al servicio» forma parte de su obligación, muy al contrario que para el hombre, que es un acto de generosidad. Observé la alta autopresión, la gran autoexigencia e intuí la inseguridad que podría originar el ponerse unas metas casi imposibles de alcanzar. Lo peor de todo era que, como también sé por mi labor de headhunter, nadie se lo estaría pidiendo, y seguro que tampoco agradeciendo.

Aquel evento me impactó y decidimos, junto con el equipo organizador, que grabaríamos un vídeo el año siguiente en el que el consejero delegado de la empresa explicara en qué consistía el liderazgo que esperaba de sus directivas. Que dejaríamos que volvieran a describir sus exigencias y después les mostraríamos las expectativas que otros tenían sobre ellas. Creíamos que era muy importante que pudieran comparar por sí mismas lo que se esperaba de ellas con lo que ellas se exigían a sí mismas. Que se dieran cuenta de que hacía mucho tiempo que ya habían llegado y que no eran necesarios algunos de sus sacrificios, especialmente los personales.

La venda que impide tener perspectiva y conocer la posición relativa desequilibra. Porque, al limitar su visión sobre el todo, impide conocer la posición relativa. Poner foco. Le hace olvidar quién es realmente y cuál era su propósito.

Retirando la espada

Recuerdo cómo se le cambió la cara a Carmen, una de mis clientas, cuando le anuncié que íbamos a realizar un ejercicio de reputación, un cuestionario que se envía a sus contactos para conocer, mediante unas sencillas preguntas, qué imagen tienen del profesional. Observé la ausencia de color en su rostro, la rigidez en su postura. El silencio. Hasta aquel comentario, la conversación había transcurrido entre risas provocadas por sus comentarios agudos e ingeniosos. Cuando me describió su carrera profesional pude detectar dos factores que la habían marcado: el primero, la búsqueda del aprendizaje constante; el segundo, los continuos saltos de proyecto, especialmente cuando le pedían que pasara de un rol técnico a uno de gestión. Me percaté de que Carmen valoraba su autonomía, orgullosa de su libertad para elegir proyectos para seguir aprendiendo. Y que había otra razón: odiaba el conflicto que suponía asumir una posición directiva. Tener que pelear por los recursos, dar feedback a los equipos. Exponerse a roces continuos.

La palidez dio paso al rubor. Percibí en sus ojos la determinación: había llegado demasiado lejos para abandonar. Llevaba muchos años luchando por encontrar su camino profesional y ahora que tenía claro su sueño no iba a abandonar. Si no era ahora, no sería nunca. Era su momento.

El día de nuestro siguiente encuentro le pregunté qué había descubierto al analizar las respuestas de su ejercicio de reputación. Casi todos, más de quince personas, habían contestado.

—Nada.

—¿Cómo? —exclamé sorprendida.

No había sido capaz de leerlo. Según ella, una semana difícil en el trabajo por un conflicto con un compañero la había dejado sin fuerzas para enfrentarse a su lectura.

Hasta aquel momento nada de su comportamiento o del relato de su trayectoria profesional había denotado su inseguridad. Pero aquel gesto era contradictorio con su determinación habitual y me hizo sospechar. Era como si hubiera atravesado con valentía una gran barrera, y una vez al otro lado, fuera incapaz de ver el resultado. Temía ser criticada por las personas de su entorno. Sus miedos no tenían fundamento. Las respuestas del ejercicio de reputación eran positivas, contenían admiración y cariño. Cuando así se lo dije, su expresión fue primero de sorpresa y, después, de alivio.

El ejercicio de reputación mostró algo más: que su creatividad, un atributo para ella muy valorado, pasaba desapercibida. En cambio, eran muy valoradas cualidades relacionadas con la organización de actividades que a ella le aburría soberanamente. ¿Por qué esa discordancia? Finalmente comprendimos que Carmen temía que la criticaran y despreciaran su creatividad. La protegía ocultándola pero, al no exponerla, tampoco la usaba. Mientras tanto, su tiempo quedaba absorbido por otras responsabilidades que no la afectaban y que detestaba por corresponder a la imagen de profesionalidad que se autoimponía constantemente.

Tenía ante sí un gran dilema: mostrar su pasión o seguir protegiéndose. La animé a confiar en ella, a exponerse: «Carmen, recuerda que lo que creen los demás sobre ti se convierte en verdad. Y lo que no creen, también. Si quieres que sea apreciada tu creatividad, tendrás que retirar la espada y dejar que los demás se acerquen y te apoyen».

Me vino a la memoria el ejemplo de una persona que sufría mucho también ante la crítica. Tanto, que a punto estuvo de abandonar su trabajo, aun teniendo las cualidades distintivas, un probado conocimiento y la prueba para demostrar su razón sobre el error de sus opositores. Esta persona optó por vivir recluida rodeada tan sólo de amigos y familiares. Padeció toda su vida grandes dolores, que, según los médicos, estaban causados por el peso de la tensión y el miedo a la crítica. Finalmente publicó sus ideas y fueron sus colegas más fieles quienes asumieron su defensa en público. No sabemos lo que hubiera pasado de haber cedido a la tensión que le producía exponerse al mundo y defender su posición. Lo que sí sabemos es qué ocurrió gracias a que dio el paso. Esta persona era Charles Darwin, quien tardó más de veinte años en publicar *El origen de las especies* a pesar de tener el material listo. La defensa de sus teorías en la Royal Society la llevó a cabo su colega y gran amigo Thomas Henry Huxley.

Es normal temer la crítica. Si las personas se perciben con los ojos con que las ven los otros, la autoestima queda muy dañada cuando las miradas son despectivas. Pero insisto una vez más en que, al no exponerse, también se pierde la oportunidad para ser reconocido y apreciado en las verdaderas cualidades. Se desperdicia la ocasión para encontrar y crear alianzas con colaboradores clave. La historia de Charles Darwin me ayudó a animar a Carmen a apoyarse en otros para sobrellevar mejor el conflicto. Le recomendé que trabajara su asertividad —en este sentido, recomiendo el libro *La asertividad, expresión de una sana autoestima* de Olga Castanyer—. Semanas después, Carmen me contó que su autoestima y seguridad habían mejorado notablemente gracias a adquirir perspectiva y apoyarse en aliados. Y que estaba desarrollando más su creatividad al compartir con otros sus ideas. Sus compañeros y clientes estaban encantados, sus iniciativas mejoraban claramente los resultados. Había comenzado a recorrer con pasos firmes y decididos el camino que la llevaba a donde ella quería. Y todos se estaban beneficiando.

La equidad y el estatus

Imagina a un sujeto llamado Azul caminando por la calle. Azul observa a lo lejos que se aproxima en su dirección alguien al que llamaremos Amarillo, cuyo aspecto le desagrada. En la mente de Azul hay un prejuicio, un pensamiento negativo que le inspira incomodidad. Da un visible rodeo para no pasar a su lado. Su acto le ha discriminado. Y con él, su sentimiento de desagrado se ha acentuado.

Imagina ahora que Azul ve a Amarillo. Recordemos que le desagrada. Pero en lugar de modificar su trayectoria, continúa recto y pasa a su lado. A pesar del prejuicio, de que no le gusta, no le ha discriminado. Si, un día tras otro, Azul se cruza con Amarillo sin desviarse, el pensamiento desagradable de Azul se irá diluyendo con el tiempo, sustituido por este otro razonamiento: «Si he pasado a su lado y no me he desviado, puede que no sea tan malo».

La misma escena con dos cambios: primero, Azul no tiene ningún prejuicio negativo sobre Amarillo; segundo, le acompaña otra persona que llamaremos Rojo. Rojo sí tiene un prejuicio sobre Amarillo y obliga a Azul a variar su trayectoria. Azul, que carecía de prejuicio negativo, realiza un acto de discriminación influenciado por Rojo. Un día, otro y otro. A base de repetir el comportamiento discriminatorio, Azul comienza a pensar: «Si al pasar al lado de Amarillo debo desviarme, puede que realmente sea desagradable».

De esta pequeña anécdota se obtienen los siguientes aprendizajes:

- Una persona puede tener un prejuicio y discriminar. Ahondará su prejuicio.
- Una persona puede tener un prejuicio y no discriminar. Disminuirá su prejuicio.
- Una persona puede discriminar sin sentir un prejuicio. Creará un prejuicio.
- La discriminación puede generar prejuicios que no se tenían. Crear prejuicios.

- La ausencia de discriminación puede ayudar a eliminar prejuicios. Eliminar prejuicios.

Observación:
Se considera discriminación «toda aquella acción u omisión realizada por personas, grupos o instituciones, que produce y reproduce desigualdades en el acceso a recursos y oportunidades en favor o en contra de un grupo social y sus miembros».

El prejuicio es descrito como «el proceso de formación de un concepto o juicio sobre alguna persona, objeto o idea de manera anticipada. En términos psicológicos, es una actividad mental inconsciente que distorsiona la percepción».

La moraleja de esta historia es que, según cómo se combinen discriminación y prejuicio, se puede influenciar en la seguridad de las personas positiva o negativamente. Modificar la imagen de otros sobre ésta. Incluso de sí misma. ¿Te das cuenta qué tremendo poder se oculta tras cada pequeño acto? ¿Cómo se puede ganar o perder autoestima por el efecto de los otros? ¿Cómo gestos intencionados, malintencionados o inintencionados pueden cambiar para bien o para mal una vida?

- La discriminación que desprecia produce una gran inseguridad en quien la recibe. Porque le hace creer que se la merece.
- La discriminación que aprecia produce una gran seguridad en quien la recibe. Porque le ayuda a creer que se la merece.

La discriminación inyecta confianza a unos y lastima a otros. Existe una práctica reveladora en dinámicas de equipo que se realiza con una baraja de cartas para explicar cómo la diferencia de trato merma la confianza de las personas. En ella, se reparte a cada individuo una carta que ha de colocar en su frente sin saber qué número tiene. Luego se han de relacionar entre ellos según el número que le haya tocado a cada uno. El más importante es el rey, que se convierte en la persona más atractiva del juego. La reina también es valiosa, aunque un poco menos. En el otro lado, por debajo del cuatro, el interés se reduce drásticamente hasta que a nadie le interesa el uno, dos o tres. Tras la dinámica, las personas deben adivinar, según cómo fueron tratadas, qué carta les había tocado; después, describir cómo se habían sentido. Los de las cartas altas se sentían muy acogidos, protagonistas, seguros. Los de cuatro, cinco, seis y siete tenían que hacer un esfuerzo y conseguían cierto aprecio, especialmente cuando se agrupaban entre ellos. Finalmente, los de números bajos se habían sentido terriblemente ninguneados, inseguros. A pesar de haber realizado un gran esfuerzo, habían sido incapaces de conectar con el resto.

Ponte en la piel de Azul y piensa en la consecuencia de sus actos. Ponte en la piel de Amarillo, en el efecto que tiene sobre ti el que otros aprecien o desprecien tu talento. Y, por último, imagínate que eres Rojo. ¿Te gustaría seguir siéndolo? Cuando un superior ningunea a un miembro del equipo, cuando en una conversación se dirigen a unos obviando a otros, se produce una discriminación que, si es habitual y repetida, termina por limitar y volver inseguro a cualquiera. Hace creer que de verdad es de menor valor. «Si al pasar a mi lado debes desviarte, puede que realmente sea desagradable.»

A lo largo de la historia lamentablemente se han incentivado comportamientos discriminatorios por medio de leyes y costumbres que han creado clases y castas, de nobles y reyes y plebeyos. Los antiguos atenienses, considerados padres de la democracia, eran ciudadanos de primera que vivían con unos privilegios vetados al resto de los individuos, incluidas las mujeres. Pero no es algo sólo del pasado. Hace años, cuando viajé a Myanmar, el primer asiento de todos los medios de transporte (autobuses, trenes) estaba reservado a militares y religiosos, y el resto teníamos que ir detrás. El trámite de cualquier aduana cuando viajas es muy diferente en colas, papeleos, tasas y visados dependiendo del país emisor de tu pasaporte. Hasta en algunas empresas, ser de un grupo puede significar tener más privilegios que ser de otros.

Históricamente, el sexo y la raza han sido los factores de discriminación más habituales. Una vez, charlando con Eduard Punset, me contó que unos investigadores habían tratado de averiguar incluso cuál de los dos tenía un mayor peso. Entonces era un tema candente, ya que un desconocido Barack Obama se enfrentaba a nada menos que la poderosa Hillary Clinton en las primarias demócratas. Debatíamos si el país de las hamburguesas y las películas del Oeste preferiría un presidente negro o una mujer. Si habría alguna influencia sobre los estereotipos de raza o género. Punset vaticinó, basándose en ciertos estudios, que ganaría Obama. Sabía que en un experimento se había demostrado que todavía el prejuicio sobre la falta de liderazgo de la mujer era mayor que sobre un hombre de color. En él, unos participantes debían asociar palabras de fortaleza y liderazgo con las fotografías de hombres blancos, hombres de otras etnias y mujeres. Junto a estas palabras clave había otros conceptos aleatorios. Medían el prejuicio negativo calculando el tiempo que tardaban los participantes en presionar el pulsador. Si la relación de poder y liderazgo con una imagen era inmediata, no existía prejuicio. Si dudaban, los segundos o centésimas de segundo de demora indicaban la necesidad de racionalizar el impulso. Éste fue el resultado: con los hombres blancos la reacción era inmediata. Palabra de atributo positivo de poder, hombre blanco: ¡zas! Botón apretado. En hombres de otras razas había una cierta demora, el tiempo que el cerebro necesitaba para reconocer el rostro, la estructura corporal y la vestimenta. Si la imagen en pantalla era de una mujer, el dedo permanecía en tensión más tiempo que nunca, esperando que el lado más racional del cerebro le dijera al participante que la mujer podía ser un sujeto igual de capaz que el resto.

El historiador Yuval Harari afirma en su libro *Sapiens, de animales a dioses* que no hay ninguna explicación científica que sostenga la superioridad de unos humanos sobre otros, ni por raza ni por sexo. El prejuicio nace del miedo a lo distinto. Muchos defienden ciertas discriminaciones bajo el argumento de que «si siempre se ha hecho así, algún motivo habrá». Se escudan en la costumbre y prefieren mantener un prejuicio que da ventaja y privilegios a un grupo frente al resto. Pero, como dice la autora nigeriana Chimamanda Adichie en *Todas deberíamos ser feministas*, si hubiera que hacer las cosas como antes, por esa regla de tres los humanos todavía viviríamos en los árboles. Y además hay que tener en cuenta que, una vez que se crean clases, nadie queda a salvo de una clasificación y nunca se sabe si cambiarán las tornas.

Vencer la inseguridad que nace de factores extrínsecos no es nada fácil, pues se ha de luchar contra el entorno. La persona más segura puede volverse insegura si es discriminada negativamente o ninguneada de forma continuada. Por eso es tan importante erradicar los comportamientos discriminatorios, acabar con las leyes y las costumbres que los promocionan y los protegen. A nivel de empresa, conozco ya muchas organizaciones que han introducido reglamentos inclusivos para eliminar la discriminación de ciertos colectivos y que realizan con gran éxito formaciones internas que explican el origen de sesgos cognitivos negativos para «desaprender» las malas prácticas. Falta aún mucho camino por recorrer pero este tipo de iniciativas sin duda aportan esperanza. A nivel individual hay que ayudar a que estas iniciativas se cumplan. Participar en ellas y también denunciar, sin rencor pero con firmeza, comportamientos discriminatorios. La persona que discrimina a veces no es consciente de su comportamiento y si la queremos ayudar a mejorar, nunca debe ser desde el ataque o el reproche. Porque esa persona, como cualquier otra, cuando vea afeada su conducta sentirá inseguridad y levantará su espada, perdiéndose la ocasión de convertirla en una valiosa aliada. No todos se dejan ayudar y muchos se resisten al cambio, pero el tiempo y la perseverancia pueden lograrlo. Como sucedió con la segregación racial en Estados Unidos. Tras su abolición, todos los años se realizaba una encuesta para medir la percepción de los ciudadanos sobre la supuesta superioridad de unas razas frente a otras. Año a año, menos personas creían que los blancos eran mejores que los de color. Hasta que se decidió dejar de preguntarlo en la década del 2000, ante la reacción de indignación de los encuestados ante el solo hecho de que se planteara semejante cuestión.

El equilibrio entre la buena y la mala inseguridad

Hemos visto cómo la inseguridad hace que los profesionales crean de forma infundada que son peores de lo que realmente son. Hace perder la determinación, paralizarse en la toma de decisiones, quemar puentes con colaboradores valiosos, bloquear acuerdos, evaluar erróneamente alternativas y limitar el desarrollo de soluciones. Llegado a este punto es necesario introducir una aclaración. Junto a la inseguridad, también convive su contrario. Muchas personas tienden a ser optimistas cuando se trata de autoevaluarse. Yo lo llamo el síndrome del narcisista optimista. En lugar de darte el nombre de los cientos de estudios psicosociales, te voy a animar a que lo pruebes tú mismo realizando una sencilla encuesta. Pide a los participantes de un grupo que indiquen cuál es su contribución particular en porcentaje sobre el total. Verás que la suma de todos supera en mucho al cien ☺.

Es necesario un equilibrio entre el optimismo y el pesimismo cuando se trata de autoevaluar las cualidades y opciones profesionales. Una adecuada dosis de inseguridad es positiva, incluso necesaria para triunfar. Como lo oyes, hay una buena inseguridad. La inseguridad permite al profesional estar alerta, le ayuda a medir los riesgos y asegurar los recursos y capacidades. El talento más preparado es aquel que cuenta con una inseguridad que le hace ser precavido, realista y que lo anima a hacerse con los recursos que necesita. La inseguridad mueve al profesional a la formación. Como me dijo una vez un directivo: «La inseguridad te anima a salir fuera de la zona de confort». La inseguridad te ayuda a prepararte muy bien pero hay que evitar que te haga caer en una búsqueda sin fin de formación, un intento de acumular un curso tras otro, titulación tras titulación, siendo en realidad una excusa para no lanzarse al desconocido y competitivo mundo profesional donde se teme fracasar.

Se ha de lograr el equilibrio entre la buena inseguridad y la mala inseguridad. Como en un termómetro con una escala del 0 al 10:

- 0 a 3. Carecer de inseguridad. ¡Es muy peligroso! Anima a saltar desde gran altura sin paracaídas ni red. Creer que se sabe todo, que no se necesita a nadie ni esforzarse.
- 7 a 10. Exceso de inseguridad. ¡Es paralizante! Aboca a una sobrecualificación innecesaria y no valorada. A un asilamiento social provocado por el recelo, a una excesiva sensibilidad. Al abandono de los sueños por creer que son imposibles de alcanzar.
- 4 a 6. ¡Buena inseguridad! Permite dar el paso con cierta cautela. Aprovechar oportunidades de calidad. Nadie pue-

de asegurar el éxito, pero dentro de esa horquilla es probable.

Cuando uno ya sabe cuál es su posición, qué tiene y qué le falta, entonces puede decidir si actuar con determinación en la dirección que le conduce a sus sueños.

La recompensa de vencer a la inseguridad es ganar perspectiva, solidez, equilibrio y determinación

«Se gana seguridad al conocer tu posición absoluta y relativa.» Nunca hay una única causa, ni una única herramienta basta. Tampoco los resultados son inmediatos. Hay que trabajar con determinación a largo plazo, visualizar el objetivo, afinar los elementos y estar preparado para dar con solidez cada uno de los pasos.

Como hizo esta persona, cuya historia te contaré a modo de cierre.

María trabajaba en Recursos Humanos. Su autoestima había sufrido durante años debido a las continuas críticas de su jefe. Un día llegó a su tope y decidió irse llevándose junto a su finiquito una gran inseguridad sobre el verdadero alcance de sus capacidades. Aquella mala experiencia la hizo replantearse su vida y sus objetivos. Quién era y quién quería ser. Dedicó tiempo a reflexionar sobre sus alternativas, a conocerse. A recuperar el equilibrio. Y cuando lo hubo conseguido, se incorporó a una consultora de headhunting porque María siempre había querido ser consultora de selección. Era una gran conversadora y una persona muy dulce. Disfrutaba mucho profundizando en las experiencias de los candidatos y buscando el mejor encaje con cada empresa. En esta consultora su jefe la regañaba a menudo. La consideraba lenta. La producción incesante era imprescindible para mantener los costes ajustados y gozar de margen. «¡Menos mimos a los clientes y candidatos!», le gritaba a menudo, ridiculizándola incluso frente al resto del equipo. Teresa de Calcuta, la llamaba. Un día, la despidió.

Al poco tiempo María encontró un nuevo empleo, también en una consultora de selección. Esta empresa tampoco fue para ella más amable ni mejor que la anterior. Desdeñaban su perfeccionismo, su carácter calmado y detallista. No encajaba con la agresividad comercial y la brevedad en las formas. Sus malas evaluaciones criticaban reiteradamente el tiempo excesivo que pasaba con los candidatos y lo poco que intentaba aumentar el margen comercial del cliente.

Pero lo que ellos no sabían era que María practicaba su profesión desde la esencia de su propósito: encontrar al mejor profesional para cada proyecto. Pensar en personas. Considerar a los candidatos valiosos recursos del proceso. Durante aquellos años de críticas y desprecios, su ética y humanidad no pasaron desapercibidos ni para las empresas ni para los candidatos, que apreciaban enormemente su profesionalidad, calidad y humanidad. Que percibían la notable diferencia con sus colegas. María también sabía que existía esa diferencia. Siempre lo había sabido, así como que no encajaba en consultoras de selección comercialmente agresivas y orientadas a la rentabilidad. Le había dado igual que la despidieran. Jamás se había tomado el rechazo como un fracaso. Sabes por qué, ¿no? Porque nunca quiso hacer carrera en ellas.

Su primer jefe la había hecho dudar de la bondad de las personas, tener miedo a la gente. Pero alguien le dijo que lo mejor que podía hacer para superar su miedo era acercarse a ellos con curiosidad. Desde entonces lo había aplicado siempre. Fue como si hubieran accionado un interruptor. Se apagó el miedo y se encendió la curiosidad, así de simple. También la animó a que encontrara su tribu. «Evita las audiencias desinteresadas —le recomendó—. La mejor manera de no sentirte mal es no insistir con un público así. Un buen cazador sabe cuál es su presa. Si no te escogen, no es que te rechacen a ti como persona, sino que buscaban otra cosa, simplemente no eres lo que buscaban.» Y desde entonces nunca se sintió mal cuando no la escogían o la echaban. Porque sabía que no era lo que buscaban.

Cuando María descubrió lo que quería, fue consciente de que carecía de experiencia en consultoría de selección y que no era muy comercial. Que le sería muy difícil atraer clientes, ganarse su confianza. Necesitaba aprender el oficio en profundidad y acceder a clientes. Y eso fue lo que hizo. Esas consultoras habían sido el medio para alcanzar su verdadero fin: crear su propia empresa de consultoría en selección. María era inmune a los rechazos porque visualizaba su objetivo a largo plazo. Hoy es feliz en su propia empresa de selección con clientes que aprecian su estilo y dedicación.

¿Es María una manipuladora? ¿O una luchadora que ha alcanzado su objetivo con determinación? Yo estoy convencida de lo segundo. Aprendió un oficio que es necesario al trabajar en él por un salario. Ha captado clientes y candidatos que aprecian la calma por encima de la rápida producción y que no les importa pagar un poco más por ello. Ha hecho el mercado más grande, más diverso. ¿Cuál hubiera sido la alternativa? ¿Adaptarse a un estilo de selección que no era el suyo? ¿Abandonar su sueño? ¿Aceptar que sólo hay una manera de hacer las cosas? No sé cómo lo verás tú. Pero la esperanza y determinación por encontrar el camino de cada uno es lo que mantiene vivos los sueños. Y el talento. Lo que mejora nuestro mundo.

El movimiento se demuestra andando

«¿Cómo puedo saber lo que pienso, antes de ver lo que digo?», escribió el psicólogo social Karl E. Weick. Me encanta esa reflexión porque conecta con una verdad verdadera en el ámbito de la carrera y el éxito profesional: el talento es acción.

¿Cómo saber si se es bueno en algo si no se intenta? Al vencer el freno de la inseguridad, las personas pueden tomar las riendas de su carrera para probar distintos campos hasta encontrar aquel en el que de verdad su talento destaca. Ejercer su libre albedrío. Cambiarse de canal para llegar a donde de verdad desean estar. Vencer la inercia.

Se puede vencer la inseguridad cuando se tiene visión sobre el contexto en el que uno se encuentra y su situación relativa. Cuando se gana perspectiva, mirando alrededor y también hacia atrás. Observando lo mucho que se ha hecho y el valor de lo que se hace. Exponiéndose. A veces se teme resultar herido o descubrir que no gustamos. Pero ¿desde cuándo gustar a los demás impide quererse a uno mismo? De tanto tratar de gustar a otros, corremos el riesgo de no saber quiénes somos, qué queremos o lo que les gusta a los demás de nosotros. Para gustar a los otros, es fundamental empezar por uno mismo. También hay que buscar entornos óptimos, donde esté tu tribu. Y también crearlos. Las condiciones nunca son perfectas, pero es nuestra obligación social tratar de mejorarlas. Contribuir a que las organizaciones y grupos acepten la diversidad, la aprecien. Porque todos somos, cada uno a nuestra manera, diversos. En la diferencia radica la belleza y el valor del talento más apreciado. Hay un trecho muy difícil desde que la diferencia empieza a emerger hasta que es tan notable y admirada que ya nadie la pone en duda. Desde que uno es visto como un patito feo hasta que se convierte en un cisne. Lamentablemente, muchos cisnes se malogran por el camino, por lo que tenemos que tratar entre todos de no perderlos.

En este capítulo he tratado de exponer todos los factores que inciden en la inseguridad y las estrategias que pueden ayudar a combatirlos. La crítica es inevitable pero necesaria. La autoconfianza y los amigos leales ayudan a salir adelante. Una cierta cantidad de inseguridad es positiva, sobre todo si se canaliza a través de una búsqueda de formación y aliados, ambos necesarios. Pero sin pasarse. Nadie lo puede ni lo tiene todo. Hay que aprender a mantener a raya la modestia, usar la opinión externa de termómetro. Tener presente que lo que creen los demás sobre ti se convierte en verdad. Y lo que no creen, también. Ser consciente de que tus actos y los de los demás influyen en cómo eres. Y en cómo son los otros. Que es muy importante hacer el bien y promoverlo. Con cada gesto. Conscientemente.

Animé a Lucía, mi alumna de IE Law School, a creer en sí misma, a no aceptar un no antes de intentarlo de verdad, a mantener la determinación por alcanzar su objetivo. Le dije: «El no ya lo tienes, no dejes de luchar por alcanzar tu sueño. Confía en tu talento».

Meses más tarde recibí este email:

Te escribo para decirte que muchísimas gracias por haberme animado a buscar y perseguir lo que quería (hacer derecho penal). Al acabar las prácticas de derecho bancario decidí no renovar y buscar en lo que quería. Conseguí prácticas en un despacho de penal, donde me dijeron que quedarse era imposible, que llevaban siendo los mismos durante veinte años. Al final de las prácticas recibí una oferta en otro despacho. Cuál fue mi sorpresa cuando al comunicarlo, me pidieron que no me fuera y me contrataron como abogada penalista.

Gracias por hacer que luchase por lo que quería.

Lucía

¿Has tenido que superar el freno
de la inseguridad para progresar?
A esta pregunta que te he planteado
al inicio del capítulo,
la respuesta de mujeres y hombres es:

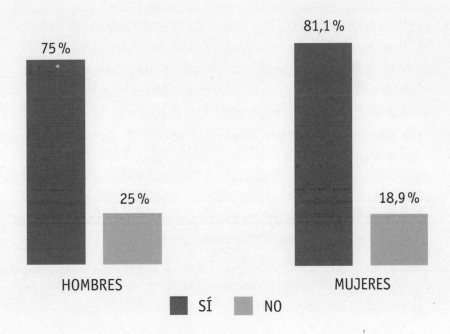

Inseguridad
¿Cuentas con **preparación** y aun así, te falta **confianza**?

SI DETECTAS ESTOS INDICIOS... ➡️ APLICA LAS 7 PALANCAS

✓ Realizas actos contradicto-
rios o incoherentes
✓ Tienes miedo a la comparativa
✓ Adoptas una actitud defensiva
✓ Vacilas en exceso
✓ Te encuentras en un entorno
de discriminación o de
ausencia de equidad

1. Perspectiva
2. Ponderación
3. Capacidad
4. Aliados
5. Autoconfianza
6. Estatus
7. Acción

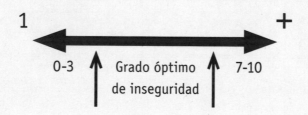

1   +

0-3   Grado óptimo   7-10
de inseguridad

La seguridad se incrementa al conocer tu posición relativa.

7 PALANCAS PARA VENCER LOS FRENOS

	PERSPECTIVA	PONDERACIÓN	CAPACIDAD	ALIADOS	AUTOCONFIANZA	ESTATUS	ACCIÓN
BENEFICIO	Descubrir tu posición relativa para saber si cuentas con la capacidad que necesitas.	Encontrar el equilibrio entre lo que tienes, lo que quieres, lo que puedes y lo que eres.	Asegurar capacidades y recursos adecuados.	Tener una red de apoyo que te fortalezca.	Mantener la determinación en momentos difíciles.	Ser tenido en cuenta.	Ser un héroe de tu momento y aprovechar la oportunidad cuando llega.
HERRAMIENTAS							
INSEGURIDAD	Haz un DAFO personal. Compárate con tus iguales.	Pacta con la imperfección. Aprecia las cosas en su globalidad. Pon en perspectiva las críticas.	Aprende lo que te falta.	Rodéate de buenos aliados.	Cree en ti.	Crea tu marca personal.	Persiste. Afronta el fracaso como parte del viaje.

4

La dispersión

(Tercer enemigo oculto en la inercia)

Responde a esta pregunta:

¿Has tenido que superar el freno de la dispersión
para progresar?

☐ Sí   ☐ No

Al final del capítulo descubrirás qué piensan al respecto
mujeres y hombres como tú.

Atrapado por un compromiso inesperado

«Formidable» fue la palabra que me vino a la mente cuando conocí a Paula. Era mucho más alta que yo, atlética a raíz de años de deporte y muy guapa. Toda ella emanaba elegancia y seguridad.

Su trayectoria era impresionante. Había sido socia en una empresa de consultoría internacional de gran prestigio y vivido en más de cinco países. Ahora era ejecutiva en una compañía de ámbito nacional, donde ocupaba un puesto de gran influencia. A Paula le precedía una buena reputación. Nos presentaron conocidos comunes, que destacaron, además de su notoria competencia profesional, su elevada rectitud, aplomo y discreción. Me resultó muy fácil conectar con ella gracias a su estilo directo. Quizá por eso nuestra conversación, centrada en su mayoría en cuestiones profesionales, también recaló en inquietudes y alguna que otra anécdota personal, como una situación insólita que había vivido recientemente con gran incomodidad.

Paula había ofrecido su casa durante unos días a una conocida mientras encontraba un lugar permanente en la ciudad. Lo que iba a ser coyuntural se alargó exageradamente. Cuando Paula le preguntaba sobre la fecha de salida, la improvisada huésped sólo respondía de forma vaga, sin mostrar ni un atisbo de preocupación a pesar de la visible incomodidad de su anfitriona. Paula estaba sorprendida por su falta de decisión en atajar la situación, pero no tanto como su familia y amigos, para los que el asombro era mayúsculo. No sólo les parecía insólito que no acabara con ese abuso, sino que les resultaba llamativo por el contraste entre ambas mujeres. Mientras Paula era imponente, la otra físicamente era muy poquita cosa, tenía una apariencia anodina y ademanes vulgares. Tampoco destacaba por su intelecto y situación profesional. Aun así, Paula esperó y esperó hasta que aquella persona decidió, meses más tarde, irse por su propia voluntad.

Muchas personas, incluida yo misma, nos hemos visto atrapadas en situaciones similares a la de Paula, donde un trance trivial se ha convertido en un compromiso excesivo que, de haberlo sabido, nunca hubiéramos asumido. Esta capacidad de anular la reacción de Paula que la *okupa* consiguió con tanta naturalidad tiene un nombre en el ámbito de la psicología social: el «pie en la puerta» (*foot in the door*, en inglés).

> El «pie en la puerta» es una técnica que conmina a una persona a asentir a una petición de cierta envergadura tras haber aceptado previamente algo aparentemente irrelevante.

Si alguien usa contigo esta técnica, es probable que quedes atrapado en una obligación que en realidad no querías asumir, pero de la que te será muy difícil, casi imposible, desligarte. La necesidad de los humanos por mantener nuestra coherencia construirá una fuerte cadena que te atará a ese deber impuesto por el otro, e incluso por ti mismo sin saberlo. Las personas tenemos la necesidad de hacer honor a nuestra palabra, de cumplir las promesas por encima de todo, incluido nuestro propio bienestar.

Hay una segunda técnica, de similar influencia, acerca de la que también hay que estar prevenido. Se llama «bola baja» (*low ball*, en inglés) y se activa con la anterior, por la búsqueda de coherencia:

> La técnica «bola baja» consigue que una persona acepte algo que considera insuficiente gracias a que primero ha aceptado una oferta mayor que ha sido reducida o retirada posteriormente.

Como le sucedió a un conocido llamado Enrique cuando fue invitado a un evento sobre el que tenía poco interés. Se sentía comprometido a ir porque le habían ubicado en la «presidencia» junto al ponente estrella. Al llegar allí, descubrió que de «presidencia» nada, que estaba en un área sin ningún interés para él y que la persona importante a la que había ido a ver se había marchado. Lo lógico hubiera sido que Enrique, al descubrir el «engaño», se hubiera ido. Pero no. En su lugar se quedó durante todo el evento, parlamentos y cena que pagó sin rechistar. La necesidad de ser consistente convirtió un compromiso trivial en una obligación imposible de abandonar.

Otra persona que conozco que cae a menudo en estas «bolas bajas» es una promotora de eventos llamada Mercedes. A Mercedes le encanta su trabajo. Es más, disfruta tanto que incluso trabajaría sin cobrar, si no fuera porque necesita cubrir sus gastos. Le atrae el reto de organizar para cada ocasión el acto perfecto. Adora su libertad, la autonomía para trabajar libremente, no tener que fichar en la oficina, ser dueña de su tiempo. Su agenda de contactos es amplia y conoce a mucha gente de la farándula. Los famosos la adoran porque es generosa con ellos y a la vez muy discreta. En ese mundo donde todo el mundo pide y un secreto vale millones, Mercedes resulta ser una refrescante excepción. Su punto débil, como a menudo le dicen sus conocidos, es que es demasiado buena. Evita a toda costa el conflicto y, si existe algún problema, prefiere ceder para que todos estén contentos.

Un día, una compañera del sector le propuso que prepararan juntas el lanzamiento de un nuevo producto de una marca. Mercedes aceptó. Para reforzar su propuesta, esta colega le propuso que apareciera como colaboradora en la nueva web de su empresa. Aunque el proyecto de lanzamiento nunca llegó a realizarse, la alianza temporal entre ambas empezó a parecer como definitiva, a pesar de que Mercedes nunca había querido asociarse con nadie y, de haberlo querido, probablemente no lo hubiera hecho con esa persona. Un día a Mercedes le reclamaron una deuda inesperada: el 50 % de la factura del diseño de la web. Nunca se le había dicho que enviar una biografía y una foto significaría aceptar ese compromiso —y obligación— con la empresa de la otra. Mercedes empezó a ahorrar para afrontar el pago. Prefería mil veces pagar que quedar mal.

El porqué de estas trampas tan eficaces

Tranquilidad. No creas que es tan fácil, ni que cualquiera puede usar estas técnicas y menoscabar tu voluntad atándote a compromisos no queridos. Aceptar un compromiso no basta para que personas manipuladoras se apropien de tu libre albedrío.

Para que funcionen estas técnicas del «pie en la puerta» y la «bola baja» la aceptación del compromiso debe hacerse bajo estas tres circunstancias que Cialdini enumera en *Influencia*:

1. **Que sea un compromiso adquirido públicamente.** El comportamiento es la primera fuente de información que una

persona tiene sobre sus creencias, valores y actitudes. Lo que los demás piensan de uno define cómo esa persona se ve a sí misma y construye el concepto sobre su personalidad. La coherencia aporta algo más que el aprecio social, hace que las personas se sientan verdaderas. Además, un cambio sobre la autopercepción se convierte en un dominante sobre las creencias por la continua búsqueda de la autenticidad. Así, cuando Enrique cree que va a estar en la presidencia del evento considera que no puede defraudar la imagen que se espera de él. Cuando Mercedes aparece en la web se siente fuertemente vinculada, puesto que su imagen pública así lo está indicando.

2. **Que haya supuesto un esfuerzo.** Cuando una persona realiza un gran esfuerzo, internamente crea una nueva percepción del porqué lo está haciendo que justifique en su fuero interno la razón por la que se sacrifica por ese compromiso. Esta necesidad responde a la disonancia cognitiva, que se refiere a la tensión interna que percibe una persona cuando un comportamiento o idea entra en conflicto con sus creencias. De este modo, a Enrique le supuso un gran esfuerzo hacer un hueco en su agenda para acudir a ese evento. Por su parte, Mercedes, que no quería asociarse con nadie, dedicó horas a elaborar la biografía y seleccionar una buena foto. ¿Qué podía justificar semejante sacrificio de ambos? Sólo una nueva percepción interna sobre su compromiso y el porqué de su vinculación. Incluso puede hacer que la persona termine por mentirse a sí misma para mantener sus creencias y acciones, incluso cuando sus actos sean claramente contrarios a sus mejores intereses.

3. **Una aceptación libre, sin presión externa.** La sensación de que es algo que uno ha hecho voluntariamente reduce todas las barreras de cautela. A partir de ese momento, la persona no vuelve a cuestionar el proceso de decisión sobre el compromiso que aceptó ni acota su extensión. Al consentir sobre una pequeña petición sin importancia, como abrir una puerta, alojarse unos días en su casa, crear una biografía para una web, confirmar la asistencia a un evento…, se cree en la obligación de extender el compromiso a otras demandas similares, incluso más grandes, aunque sólo estén remotamente conectadas con el pequeño favor inicial. Jamás se vuelve a cuestionar el proceso de decisión completo.

Cuando alguien consigue introducir el «pie en la puerta» de una persona, a la vista de todos, y arrancarle un pequeño compromiso que le suponga un esfuerzo, logrará que la abra poco a poco hasta terminar instalada cómodamente en su casa. Ya no quise preguntar más, pero sospeché que la invitación de Paula bien podría haber terminado ampliándose a otras cosas además de a su casa, como el coche, dinero y hasta ropa.

Muchas personas se han visto atrapadas por responsabilidades o situaciones difíciles bajo la promesa de una contraprestación cómo puede ser el amor, un proyecto vital o profesional, un ascenso o un aumento de salario. Y, sorprendentemente, han seguido adelante sin dudar, en lugar de abandonar, aunque las promesas hayan sido incumplidas. Tanto la técnica del «pie en la puerta» como la de «bola baja» incentivan a continuar en esa línea de acción porque convencen a la persona en su fuero interno de que está bien ser coherentes con ese compromiso, creando argumentos y razones adicionales e incluso creando otras nuevas que justifiquen su conducta y hagan que la mantenga hasta el final. El gran peligro de estas técnicas, como decíamos antes, es que una vez asumido el compromiso, la obligación ya no se asocia sólo a esa acción, sino que se extiende a un gran rango de situaciones relacionadas, incluso cuando el primer motivo desaparece. El sistema de creencias interno se asegurará de que Enrique vaya al evento y que Mercedes se autoconvenza de que pagar la mitad del diseño de la página web sin haberlo acordado era la manera correcta de actuar.

Para alcanzar cualquier propósito es imprescindible priorizar en función de los objetivos y actuar con responsabilidad y criterio hasta el final. Y aprender a decir no a todo lo demás. Ya es difícil de por sí mantener foco para no perder de vista el objetivo, como para tener que luchar constantemente contra distracciones ajenas. El riesgo de que los compromisos de otros se cuelen en nuestras agendas aumenta cuando llegamos a creer que las prioridades ajenas también son nuestras.

Y todavía algo más. Algunas personas resultan tan escarmentadas, que se van al otro extremo, prometiéndose a sí mismas que jamás volverán a abrir la puerta a nadie, aunque sea por una buena causa. O, si lo hacen, lo harán con tan altas comprobaciones de seguridad y exigirán tantas garantías que quizá ahuyenten a la ocasión más propicia y que desean más. Como Paula, que se juró a sí misma que jamás volvería a ofrecer su casa ni al primo más cercano para un fin de semana.

La «bola baja» autolanzada

Verse atrapada por un compromiso no querido era algo habitual en Mercedes, la promotora de eventos de la que te he hablado antes. De joven este tipo de circunstancias no la afectaban y se levantaba con alegría y rapidez ante cada revés. Si en un proyecto las cosas no salían como esperaba, buscaba rauda y veloz el siguiente que lo compensara. Si con el «pie en la puerta» o la «bola baja» le arrebataban parte de sus comisiones, se apretaba el cinturón y, en lugar de disfrutar sus vacaciones en un hotel, se hospedaba en hostales o en la casa de algún amigo. No le importaba ceder su espacio personal porque se decía a sí misma que siempre le quedaba su trabajo y su libertad.

Hace poco Mercedes cumplió cincuenta y tres años. Su corazón era muy joven pero su cuerpo carecía de la misma energía. Estaba pasando una racha difícil y entre sus preocupaciones estaba el pago de aquella web, cuyo importe no era tan fácil de arañar de lujos y vacaciones. La aparición de nuevos competidores millennials y su poco interés por exigir el cobro íntegro de sus colaboraciones la habían obligado a tener que prescindir del diseñador y el contable. Hacía tiempo que tenía que renovar su móvil pero lo dejó para más adelante. En su interior estaba convencida de que, como otras veces, remontaría. Que no pasaba nada por «arremangarse» y hacer las cosas por sí misma. Pero empezaba a prescindir de recursos críticos para su actividad. Sin el diseñador su trabajo era menos vistoso. Las horas invertidas en números y facturas la alejaban de los eventos donde captar nuevos proyectos. Y su móvil, hasta arriba de contactos, fotos e información un día le dijo basta y se apagó. Mercedes perdió gran parte de su valiosa base de datos de contactos por no haber hecho una copia de seguridad en meses, porque «no había tenido tiempo».

Estaba paralizada. Le costaba reaccionar, decir que no al pago de la web, reclamar el cobro de comisiones pendientes. Se pasaba horas al teléfono con un potencial cliente que le daba largas para firmarle el contrato de representación pero que le pedía constantemente consejo, a pesar de que algunos de sus amigos le advertían de que podía dejarla tirada sin pagar nada. Por otro lado, Mercedes tenía un proyecto precioso aparcado, la inauguración de una tienda que sería la excusa perfecta para retomar el contacto con sus clientes y amigos. No obstante, por alguna razón nunca encontraba el momento para impulsarlo.

Un día quedamos para vernos en una bonita cafetería. Mi infusión se había quedado fría hacía rato cuando por fin Mercedes llegó sudando y menos arreglada de lo habitual. Necesitó unos minutos para situarse. La causa de su retraso se debía a que uno de sus potenciales clientes, el mismo que aún no había firmado el contrato, la había llamado angustiado y la había tenido al teléfono más de una hora en busca de consuelo por una nimiedad. No quise que se fuera por las ramas poniéndome al día con el supuesto drama y la corté para hablar del tema que para mí era más importante: cómo estaba ella. Las noticias eran positivas. Había rechazado la absurda deuda de la web sincerándose con su colega y rechazando aquella alianza que no le interesaba.

—¡Bravo! —exclamé—. Es una gran victoria.

Le pregunté por la inauguración de la tienda. Su respuesta fue evasiva, había estado muy liada y aunque sabía que tenía que hacerlo, no había tenido tiempo.

—Al menos el contrato ya está, menos mal —la animé.

Bebió agua manteniendo la mirada baja. Luego alzó la vista y me indicó que no con la cabeza, moviéndola lentamente a ambos lados.

—Pero, Mercedes —le dije—, ¡si vienes de estar más de una hora enganchada con esta persona! ¿Por qué le dedicas tanto tiempo si ni siquiera te está pagando? ¿No has aprendido de las muchas veces que te han dejado colgada?

—Lo sé, lo sé pero pese a saberlo ¡no consigo hacerlo!

En cambio, había dejado de lado la inauguración de la tienda, que era un proyecto que la apasionaba. Tomé una servilleta y le pedí que hiciera un pequeño ejercicio conmigo. Íbamos a aplicar una metodología que expuse en mi libro *El mapa de tu talento* llamada «Las cinco palancas de motivación» que utilizo para identificar qué elementos componen el salario emocional de una persona.

Le expliqué su funcionamiento:

—Hace mucho tiempo aprendí que los profesionales se sienten realizados cuando su actividad les aporta autonomía, complejidad creciente y una recompensa proporcional al esfuerzo que realizan. Esta recompensa podía dividirse, a su vez, en tres elementos: reconocimiento (orgullo interno o aplauso externo), dinero y poder.

Escribí en el papel las cinco palabras: «autonomía», «complejidad», «reconocimiento», «dinero» y «poder». En la esquina superior anoté un 100.

—Ahora imagina que tienes cien puntos, sólo cien, y que tienes que indicar con ellos el peso que atribuyes a cada uno de estos elementos. No caigas en la tentación de escribir veinte en cada uno. Sería engañarte a ti misma, sabes perfectamente que para ti unos son más importantes que otros.

Mercedes tomó el bolígrafo y se quedó pensativa. Tras unos minutos de reflexión escribió la siguiente combinación de valores y puntos en la servilleta:

Autonomía	40
Complejidad	40
Dinero	10
Reconocimiento	10
Poder	0

—Para mí lo más importante es mi libertad —afirmó para explicarme su significado—. Disfruto mucho cuando hay un reto que resolver. Encontrar la mejor manera de organizar un evento, el mejor proyecto para mis representados. Siempre busco dar a las cosas una vuelta más, incluso mis colegas a veces me dicen: «Mercedes, ¿por qué te complicas?». Lo hago simplemente porque me encanta.

Y prosiguió:

—He dudado si asignar puntos a dinero y reconocimiento, pero he querido ser honesta conmigo misma. La verdad es que sí que me importan. Necesito el dinero porque no tengo a nadie que me mantenga. Tengo que pagar un alquiler, comer y gastar dinero en lo que me interesa. Y aunque soy poco orgullosa, sí que me gusta que me reconozcan el cariño que pongo a las cosas. Me duele ver que, a pesar de mi dedicación, otros se atribuyen mis méritos o no me agradecen el apoyo y el trabajo. Cuando me sucede confieso que el gesto me afecta, me escuece en mi interior. Pero luego me sobrepongo recordando lo mucho que me gusta lo que hago y cómo lo hago.

Entonces comprendí por qué era incapaz de poner foco en sus prioridades, pese a tenerlas muy claras. Su búsqueda de autonomía y complejidad eran el «pie en la puerta» por la que se colaban las peticiones a las que Mercedes decía que sí en lugar de no.

El reconocimiento y el dinero se resentían por la «bola baja». Si dijeran a Mercedes de primeras que no iba a recibir ni dinero ni las gracias probablemente se negaría a muchas de las trampas, porque necesitaba ingresar y emocionalmente le importaba. Pero, aun siendo importantes, no lo eran tanto para ella como la autonomía y la complejidad. Si tenía que ceder dinero o reconocimiento por autonomía y complejidad, lo hacía. Tanto y tan a menudo que cada vez le quedaba menos a lo que renunciar.

Caer en la dispersión no es sólo estar en todo. Dispersión también es quitar recursos de donde deberían estar. Al principio se cede en lo poco importante, en lo superfluo. No se le da importancia porque se cree que hay más o que se podrán regenerar. Cuando se agota la capa de grasa, le llega el turno a los elementos críticos. Primero las capas de protección, luego las de capacidad.

Al final, las de energía. Al ceder en cuestiones importantes por otras que se creen más importantes, se quitan capas de zonas que son vitales hasta que, al final, se toca el hueso y ya no hay de dónde quitar más. Y tampoco se tienen fuerzas para remontar porque ya no quedan energías, capacidades ni recursos para hacerlo.

Durante años, Mercedes había anunciado con orgullo a los cuatro vientos el amor a su trabajo y a su libertad. Había hecho sacrificios para seguir siendo fiel a sus principios. La suya había sido una elección libre y personal. Pero ¿hasta dónde alcanzaba el significado de su declaración? Mercedes hacía tiempo que había sobrepasado el límite de lo que se había comprometido al inicio. Estaba atrapada por una «bola baja» que se había lanzado a sí misma y de la que ahora le costaba mucho escapar.

El cansancio de la sociedad del sí

Existe algo igual de peligroso que las técnicas que atrapan a las personas en compromisos ajenos. En nuestra sociedad se cree que hay que decir que sí a todo. El no está mal visto. El establecimiento de límites, también. La sociedad del siglo XXI ya no es «disciplinaria», ya no se construye sobre la prohibición, sino sobre el «poder hacer».

Varios filósofos debaten sobre este particular. Muchos están preocupados y alertan sobre el declive de la sociedad, su aceleración y la falta de reflexión. Cuenta Byung-Chul Han en su libro *La sociedad del cansancio* que: «La sociedad disciplinaria de Foucault de hospitales psiquiátricos, cárceles, cuarteles y fábricas ya no se corresponde con la sociedad de hoy en día». Afirma que ahora es una «sociedad del rendimiento» y que se caracteriza por su contrario, el verbo «poder». Asimismo defiende que en la sociedad disciplinaria todavía existe el no y que la negatividad genera locos y criminales. La sociedad del rendimiento, por el contrario, produce depresivos y fracasados.

Antes de la Revolución francesa, la mayoría de los hombres y mujeres trabajaban para otros. Unos pocos obligaban a la mayoría y limitaban su libertad de elegir, recurriendo al látigo, a la ley o al castigo si no obedecían. Con la llegada del concepto «ciudadano libre», el hombre adquirió el libre albedrío sobre su vida. Desde ese momento pudo hacer lo que quería, vivir sin límites. Es la idea de libertad sobre la que se ha construido buena parte del progreso y los sistemas económicos y democráticos actuales. Pero tiene el peligro de fomentar la creencia de que si uno no llega a donde quiere es porque no quiere, ya que como dueño y soberano de sí mismo tiene el poder de hacerlo.

El no hacer nada se interpreta como una muestra de debilidad o de falta de foco para alcanzar los objetivos. Cualquier actividad no productiva o que no satisface objetivos se considera una pérdida de tiempo. La nueva sociedad del rendimiento idolatra el multitasking, censurado duramente por Byung-Chul Han porque para él significa, más que el progreso de la civilización, el principio de su regresión (quizá por eso mismo están teniendo tanta aceptación técnicas de concentración y consciencia como el mindfulness).

En la naturaleza, el multitasking está muy presente. Un animal debe alimentarse, mantener a sus enemigos lejos de su presa, evitar ser devorado mientras come, vigilar su descendencia, controlar a sus parejas sexuales... El animal salvaje está obligado a distribuir su atención en múltiples actividades y no puede ejercitar una inmersión contemplativa ni sumergirse en sus pensamientos, porque puede llegar su fin mientras lo hace.

El humano, en cambio, es el único animal que puede centrarse en una sola cosa, sin tener que obtener productividad de todo lo que hace. Es el único que no tiene por qué caminar o correr de un lado a otro por necesidad, sino que puede deambular sin rumbo fijo por el mero placer de pasearse. Bailar sólo por el placer de bailar, por su belleza, por experimentar el placer de dejar que el movimiento fluya a través de su cuerpo, como si se estuviera flotando, como expresión artística de su alma. El baile por el baile es un verdadero lujo en el mundo natural, que se sustrae al principio del rendimiento. Un lujo como la filosofía, que requiere una atención profunda y contemplativa. En ese sentido, Nietzsche decía que aprender a mirar, acostumbrar al ojo a mirar con calma y con paciencia, a dejar que las cosas se acerquen al ojo, constituía la primera enseñanza preliminar para la espiritualidad. Las otras dos eran aprender a pensar y aprender a hablar y escribir.

Byung-Chul Han afirma que sin relajación se pierde el don de la escucha y que la comunidad que no escucha, desaparece. Por eso, puede resultar una falacia pensar que cuanto más activos, más libres somos. La inercia nos lleva a aceptar todavía un poco más, incluso cuando parecía que estábamos casi al límite de nuestras fuerzas. Terminamos en la hiperactividad, una forma de actividad que, paradójicamente, ya no permite ninguna acción libre. Y sobre todo terminamos muy cansados. Exhaustos.

Se evita la inercia también «no haciendo». Reflexionando. Diciendo que no. Qué bueno es aprender a no hacer nada, a disfrutar de cada momento. Encadenar la práctica de cosas sencillas y pausadas en lugar de buscar el máximo rendimiento. Dejar de intentar aprovechar el semáforo para maquillarse y observar en su lugar las nubes, dejar de hacer llamadas pendientes de camino a la siguiente reunión para disfrutar del trayecto, no intentar terminar de escribir un email importante antes de una comida y relajarse mentalmente para cuando lleguen el resto de los comensales. Disfrutar de la comida en lugar de engullirla leyendo los mensajes. Algunas organizaciones se están dando cuenta de lo importante que es crear espacios de reflexión y pausa para sus empleados.

Menos mal. Porque en las que no, la precipitación y el trabajo continuo pueden abocar al agotamiento extremo y al colapso de profesionales y divisiones.

La dispersión no sólo se refiere a estar en todo o quitar recursos de donde deberían estar. Dispersión también es no dejar de hacer. No saber decir no y decir sí sin criterio para estar siempre produciendo. Hacer malabarismos constantes para aprovechar cada segundo, mientras que para filósofos y humanistas, lo que de verdad se está haciendo es malgastarlo. Y ello por unas excesivas expectativas de la sociedad que nadie recuerda cómo se establecieron como las más correctas.

Te hablaré de un vídeo que vi hace mucho tiempo. En él, una modelo espectacular, con vestido ceñido, peinado perfecto y altos tacones miraba directamente al público. «¿Qué veis? —preguntó—. Una mujer guapa, espero.» Algunos rieron. «Soy modelo», declaró. Y a continuación mostró fotos de sus portadas, desfiles, todas muy llamativas y atractivas.

Pero ¿sabes qué? Continuó: «También soy una persona de carne y hueso. —Entonces se descalzó, dejando sus pies desnudos sobre el suelo—. También soy una chica joven que quiero divertirme con mis amigas». Volvió a poner una foto de ella en una pasarela en Nueva York. Y a continuación una imagen en la que casi era irreconocible, una chica joven con camiseta y vaqueros. «Esto es el mismo día —explicó—, porque soy una persona normal.» Se puso sobre el vestido estrecho una falda amplia y un chaleco. Parecía una estudiante. Otra foto en la pantalla, una portada de *Vogue*. Acto seguido, una foto típica de una cena familiar con sus padres y hermanos en casa. «Soy la misma persona», insistió. Se soltó el pelo y con una toalla se retiró el exceso de maquillaje.

Una chica corriente, sencilla, miraba con valentía al público. «¿Cómo me veis ahora? Me gustaría que mirarais a la persona, no a la imagen que represento.» El peso y las expectativas por estar siempre guapa, delgada, sexy provoca que muchas modelos olviden su propia personalidad. Que traten de ser perfectas y, en lugar de eso, se rompan por dentro. Porque eso es lo que sucede. Se quiebran bajo el peso de unas expectativas que son imposibles de alcanzar. Las imágenes que vemos en las revistas y los vídeos de Instagram no son reales. Las personas que ves no son reales: están modificadas por maquillaje, la puesta en escena y el software. «¡Ahora miradme!» La sala contenía la respiración. «Soy una modelo, pero es sólo una profesión. En realidad soy una chica normal que necesita, como todos, poder serlo.»

Mediocre es quedarse a mitad del camino

La excelencia se alcanza concentrando los recursos y poniendo foco en lo que se es bueno. Reflexionando en cómo trabajar mejor y no más. Hay personas que caen en el riesgo de que, al intentar llegar a todo, al final no llegan a nada. «Mediocre» hace referencia a quien se queda a mitad de camino en su intento de alcanzar el *ocris*, que significa en latín montaña o peñasco escarpado. Ir a todo no nos hace mejores, sino mediocres.

Cuando Vanessa Abascal, una wedding planner de Cantabria se puso en contacto conmigo, no tenía muy claro en qué la ayudaría, pero sí sabía que necesitaba un cambio para mejorar la gestión de su negocio. Tras obligarla a aparcar en la carretera para afrontar con calma y concentración nuestra primera conversación, se dio cuenta de que no era capaz de estar quieta ni una hora y que vivía con una permanente sensación de falta de tiempo. Vanessa creía que para ofrecer a los clientes el mejor servicio tenía que estar en todas las fases del proceso y supervisar personalmente todos los detalles. Su día estaba repleto hasta los topes: reuniones con los novios, selección de proveedores, diseño de la web, revisión de la contabilidad, ejecución de los eventos… Vanessa no paraba ni creía que podía parar. El proceso la ayudó a darse cuenta de su continua aceleración y de que tenía que ser capaz de centrarse en cada cosa individualmente, que tratar de llegar a demasiadas cosas a la vez la dejaba sin tiempo de calidad para dedicar a los elementos clave. Le dije: «¡Pon el foco!». Y añadí: «No tienes la obligación de hacerlo todo bien».

Cuando por fin paró de correr y miró a su alrededor, pudo ver que hacía tiempo que había llegado donde se había propuesto. Al conocer su situación relativa, pudo definir mejor su rol, aprender a delegar, y alcanzar la excelencia y el equilibrio que estaba buscando. Meses después de poner en marcha su plan de marca personal, Vanessa me escribió para darme las gracias explicándome sus avances:

Te cuento que acabo de abrir mi oficina nueva y tengo una secretaria y una diseñadora gráfica, las dos a media jornada. Llevamos muy poco aún como para valorar si es una decisión rentable o no a nivel económico, pero a nivel personal es increíblemente satisfactorio y a nivel de imagen, más.
Ahora mismo empieza mi semana de vacaciones y como única misión tengo leer tu libro *El mapa de tu talento*.
Muchísimas gracias por todo, porque tu ayuda ha servido para dirigir mi camino profesional hacia algo más grande. Creo que me daba miedo crecer porque me veía pequeñita. No es que ahora me vea grande, pero no veo barreras. Te mando un gran abrazo. Si vienes a Cantabria, para cualquier cosa llámame, estaré encantada.

Vanessa

Antoine de Saint-Exupéry decía: «Un diseñador sabe que ha alcanzado la perfección no cuando no tiene más que añadir, sino cuando ya no queda nada más que quitar». El talento busca la excelencia que se consigue concentrando los recursos y capacidades en un único lugar. Poniendo el foco.

Las personas se ven constantemente alejadas de su foco por robatiempos, compromisos impuestos por otros o por sí mismas, que las dirigen poco a poco a la mediocridad. La cesión más peligrosa es la que se hace en las cosas pequeñas, pues, juntas, hacen una gran montaña. Hasta que la distancia entre donde están y donde querían estar es demasiado grande.

Creemos que la perfección es llegar a todo, como el pato que se desliza grácilmente en el estanque de Stanford, mientras que sus patas se mueven frenéticamente produciéndole un cansancio extremo. La búsqueda de lo que la sociedad del sí define como perfección en realidad impide llegar a la excelencia. Un principio tan aplicable a personas como a organizaciones. Y, al ser imposible, mata la confianza sobre las capacidades y la ilusión de que merezca la pena seguir luchando por lograr unos sueños que parecen inasequibles. Pero es al contrario: aprender a decir que no permite prescindir de lo superfluo para alcanzar el equilibrio.

Muchas personas tratan de llegar a todo para evitar la imperfección y, en ocasiones, cuentan con el apoyo de los otros enemigos de la inercia que alientan aún más su dispersión: la inseguridad anima a demostrar capacidad de abordarlo todo; la desubicación llama a probar más y más. La actividad constante desequilibra física y mentalmente e impide modular para conseguir un punto en el que haya espacio para nuestros objetivos personales y profesionales. El equilibrio se halla en la armonía, no en la mediocridad. Hemos de escuchar más a nuestro fuero interno. Prestar atención al dolor de estómago que sentimos cuando hacemos una cosa y sabemos que, en el fondo, no queríamos hacerla. Preguntarse uno mismo si, sabiendo lo que sabemos sobre esa situación creada por los otros, haríamos la misma elección si pudiéramos volver atrás en el tiempo. Aprendiendo a no hacer, disfrutando del lujo de la contemplación y provocando pequeños oasis de tiempo para la observación.

La consistencia es buena, incluso vital. Lo pernicioso es la consistencia con los propósitos ajenos. Situarse en nuestra mejor ubicación, sentir la seguridad de la esencia en la espina dorsal de nuestro talento y poner el foco al actuar. Porque cuando se hace, los resultados son extraordinarios.

El síndrome del explorador

Algunos casos de asesoramiento de carrera me han resultado especialmente difíciles porque el cliente parecía un púgil con guantes de boxeo, advirtiéndome con golpes decididos que no cedería en determinados aspectos. En estos casos la primera sesión suele durar mucho más de lo habitual. Me gustaría que te imaginases antes a estos profesionales. Cada uno de ellos relevantes, reconocidos en sus sectores. Rigurosos. Muy poco frívolos. Sólidos. Abiertos a aprender e interesados por mi opinión sobre sus casos. Luego, continuamente a la defensiva. «¿Por qué?», te preguntarás. Porque cuando trataba de priorizar u omitir de su propuesta de valor alguna de sus actividades, por muy nimia que fuera, se resistían con uñas y dientes. Yo trataba de hacerles comprender que no explicarlas no quería decir que no fueran importantes, que ya habría ocasión de introducirlas en el mensaje más adelante. Pero no querían, todas las vías abiertas tenían un gran valor para ellos. ¿Por qué esa actitud tan defensiva? Yo tampoco lo entendí al principio hasta que comprendí que eran exploradores. Entonces pude relajarme.

Recuerdo a Natalia. Me puso sobre aviso acerca de que la suya era una historia larga. Efectivamente. La grandísima amplitud de experiencias, intereses y objetivos me dejó empachada. Hablaba muy rápido, con pasión. Era muy alegre. Muy emprendedora. Llevaba catorce años trabajando en una empresa. Era la líder de su departamento para la zona este y era conocida en la central por proponer novedades y conseguir implementar programas piloto experimentales. Decía que era temporal, que necesitaba mucha autonomía y libertad para explorar, para aprender. Tenía la sensación de dar vueltas, de no centrarse. Lo consideraba una debilidad, la dispersión le daba inseguridad. Creía que necesitaba ayuda para trabajar su marca personal.

Pero el proceso demostró que en realidad tenía mucha mejor marca personal de lo que ella creía y que la dispersión sólo la veía ella. Pude comprobar lo que le pasaba: no era falta de foco, era lo que yo llamaba el **síndrome del explorador**. Existe una imagen muy romántica de los exploradores. Valientes personas que buscan, se aventuran, descubren tesoros escondidos y encuentran maravillas. Los primeros exploradores descubrieron los continentes del planeta. Exploraron montañas y océanos. Los exteriores y las grutas. Los exploradores actuales traspasan los límites conocidos del conocimiento y de la ciencia. Leen libros. Conocen personas distintas. Se aventuran a cambiar sectores y revolucionar funciones. Transforman organizaciones. Viajan por el espacio. Ser un explorador es una cualidad extraordinaria, pero su luz también provoca una sombra a su alrededor. El explorador corre el riesgo de caer en la dispersión. Cuanto más intensa es su necesidad de búsqueda, mayor peligro tiene de perder su foco.

Al observar a vista de pájaro los temas en los que se involucraba Natalia, me percaté de que estaban relacionados una y otra vez con su actividad principal. Estaba dispersa, porque sus intereses eran muy amplios. Pero en realidad había una línea estructural muy clara (recursos humanos, innovación, empresa). Al poner foco, la comunicación adquirió foco también. Además era buenísima creando red y estaba ubicada en un lugar acertado, aunque su dispersión le hacía creer que no. Como si un cocinero se creyera disperso por explorar la química de los elementos naturales y la tecnología aplicada al frío y al calor. ¿Cómo ser, si no, un Ferran Adrià? También descubrió que la empresa en la que estaba, lejos de suponer un hándicap a su creatividad, le había dado la estructura que ella necesitaba. Le había proporcionado los límites para no dispersarse. Natalia había confundido autonomía con libertad. Ella no era libre, en el sentido más estricto de la palabra, porque se debía a los objetivos de su empresa. No obstante, dentro de su área tenía una gran autonomía para alcanzarlos. Le permitía poner toda su «artillería» en su solución. Poner foco. Yo había conocido a otros profesionales como Natalia. Como le sucedió a Jorge, cuya historia os contaré a continuación. Un profesional que brillaba en entornos estructurados pero que si se cambiaba a sitios flexibles, sin objetivos, se dispersaba tanto que terminaba perdido. Como a Natalia, su espíritu explorador le hacía dispersarse y necesitaba constantemente buscar formas para acotarse.

¿Recuerdas la historia del doctor David Livingstone? Un famoso explorador escocés al que se dio por perdido durante años en África y cuya expedición de rescate organizó, encabezada por el periodista Henry Stanley, el *New York Herald*.

Según la leyenda, al encontrarlo tras doscientos noventa y seis días de azarosa búsqueda, Stanley se dirigió a él con estas palabras: «Doctor Livingstone, supongo». Livingstone y Stanley pasaron juntos en el continente negro unos meses, durante los cuales el escocés le transmitió todo su conocimiento. Cuando el periodista regresó a casa, el explorador no quiso acompañarle. Siguió recorriendo el territorio africano hasta que murió de una infección rodeado de los habitantes de un pequeño poblado del lago Bangweulu, en Zambia. Al cabo del tiempo sus restos fueron trasladados a Inglaterra y sepultados con grandes honores en la abadía de Westminster. Salvo su corazón, que fue enterrado debajo de un árbol en África, adonde los africanos afirmaban que realmente pertenecía.

Los exploradores son muy apreciados por la humanidad, sin ellos el avance sería imposible. Pero ningún explorador ha sido exitoso desde la comodidad de su sofá. Su ámbito de exploración se ha convertido en su hogar. Explorar conlleva un enorme sacrificio personal y, salvo excepciones, también familia. La pasión por la exploración es un motor tan poderoso que es muy difícil controlarlo y ponerlo a mínimos, porque entonces dejaría de ser EXPLORACIÓN con mayúsculas. A los exploradores les cuesta mucho poner un tope, sería como tratar de controlar la naturaleza. A veces lo consiguen, indudablemente, pero requiere de gran autocontrol, apoyo y comprensión de ellos mismos y las personas de su entorno.

Como en el caso de Miguel. Había abandonado el mundo corporativo. Contrató mis servicios de marca personal porque quería que lo ayudara a atraer más clientes. Había diseñado su trabajo a su medida, un conveniente autoempleo con el que disfrutaba. Obviamente no todo eran ventajas. Sabía de la inestabilidad de su situación: ya no tendría nunca más la seguridad de un salario y sí la obligación constante de la venta y el multitasking. Pero no le importaba. La libertad era su mejor recompensa. Pasaron los meses. También los años. Unos fueron mejores que otros. Vino a verme de nuevo. Le habían ofrecido integrarse en una compañía que era uno de sus clientes y estaba dudando. Hicimos una lista de pros y contras. Hablamos del contenido y alcance de sus responsabilidades, del salario. De su proyección profesional. Hasta que me di cuenta de que el verdadero freno era otro. No quería renunciar a su libertad para explorar. Le daba miedo que, una vez en la empresa, no pudiera seguir dedicando tiempo a aprender como lo hacía ahora. Entonces le puse el ejemplo de dos grandes profesionales que trabajan en el mundo corporativo y siguen explorando: Teresa Niubó, directora de Recursos Humanos de Affinity PetCare y Joan Clotet, Talent Innovation Manager en Ferrovial. Para mí son dos referentes que demuestran con su ejemplo que es posible ser explorador y trabajar por cuenta ajena en una corporación. Ellos lo han conseguido y sus empresas los aprecian. Como otras muchas organizaciones, que también están aprendiendo a hacerlo.

Te confesaré que a veces tengo la sensación de que la exploración y el aprendizaje se mueven por castas. Por un lado, eventos exclusivos para empleados de corporaciones, a precios caros que limitan el acceso a pymes y autónomos, y, por otro, eventos de consultores y emprendedores menos sofisticados y quizá más cercanos. Es raro ver a los de un uno en otro. Salvo a Teresa y Joan, que siempre exploran y se mezclan, motivados por el interés por aprender y conocer a personas que les pueden enseñar, ya sean de una multinacional, de una pyme o autónomos. Son respetados por todos. Y un ejemplo que merece la pena emular. Miguel, inspirado por Teresa y Joan, se incorporó en aquella empresa. Tiempo más tarde me escribió para compartir conmigo sus reflexiones:

Me percaté de que mi curiosidad intelectual había sido el motor de mi vida. Tengo una gran necesidad de estar aprendiendo continuamente. También he descubierto la razón por la cual no quería renunciar a ser autónomo. Lo veía como la única forma de trabajar que me proporcionaba crecimiento y aprendizaje continuo. Hasta ahora una de las más potentes razones para ser autónomo era la libertad y no estar bajo un management y una cultura corporativa restrictiva, pero me has hecho descubrir que no siempre ha de ser así. Que puedo encontrar un sitio donde desarrollarme. En la negociación de la oferta he pedido explícitamente libertad y tiempo para aprender. No sólo les ha parecido bien, sino que ¡estaban encantados! Les hablé de la política de Google del 20 % del tiempo para proyectos propios y van a hacer un piloto conmigo como primer sujeto. Muchas gracias por animarme.

El aprendizaje requiere de tiempo y libertad. Los profesionales adictos al aprendizaje descartan sin miramientos (o abandonan) los entornos donde no se les ofrece el tiempo o la flexibilidad necesaria para practicarlo. Me consta que hay empresas que promueven el espacio, el tiempo y la autonomía para que los profesionales puedan seguir aprendiendo, pero no siempre lo transmiten tanto como debieran. Es fundamental conocer los principales miedos que atacan a los profesionales que tienen el síndrome del explorador para no terminar, como yo, agotada en cada sesión:

- Los exploradores temen perder oportunidades de exploración al concretar. Por eso a veces tienden a la dispersión en la comunicación o pierden buenas oportunidades, creyendo que los van a acotar.
- Los exploradores temen dejar de aprender. Por eso tienden a expandir sus intereses en áreas aparentemente inconexas.
- Los exploradores no quieren dejar de probar las cosas por sí mismos. Por eso a veces tienden a involucrarse en todo, incluso en lo que no les toca, por el placer de aprenderlo.
- Los exploradores tienen miedo a encasillarse. Por eso a veces parecen inconsistentes cambiando de un área a otra.
- Los exploradores tienen miedo a atarse. Por eso a veces no aprecian la estructura que los ayuda a contener su dispersión y quieren cambiar incluso cuando están bien.
- Los exploradores se sienten atraídos por la novedad, aunque sean malas alternativas para su carrera, y rehúyen por resultados poco atractivos ámbitos más convencionales y estables que podrían ser más convenientes.

Cuando uno descubre que padece el síndrome del explorador, que es un adicto al aprendizaje, comprende muchas de sus decisiones. Pero no hay que olvidar nunca que es una cualidad, casi diría un don, que confiere un brillo especial a las personas que lo tienen. Una cualidad de la que también nace una sombra que hay que saber controlar.

La recompensa de vencer la dispersión es poner foco en lo que te hace bueno

Juan sí que sabía quién era. «Yo tengo muy claro de dónde vengo» era la tarjeta de presentación más habitual de aquel eminente profesional de la medicina. Te decía eso antes de explicarte que era un médico vocacional que pasaba consulta, jefe de servicio de uno de los hospitales más importantes del país, profesor titular en la universidad, líder de varios proyectos de investigación punteros en oncología y regeneración de tejidos y uno de los pocos escogidos del continente para operar con *DaVinci*, el superrobot cirujano avanzado de última generación. Te decía que él sabía perfectamente de dónde venía. Y cada una de estas palabras estaba cargada de significado. Porque Juan era como una flecha en busca del centro de la diana, a la que no le paraba nada.

Nació en un pequeño pueblo de las montañas, en la provincia de Granada, a menos de diez kilómetros de Guadix. Hijo de un pastor de ovejas alegre, emprendedor y generoso y una madre sin estudios con mucho sentido común y tesón. Sus padres, casi analfabetos, le habían legado la mejor educación: la del respeto al trabajo, al esfuerzo y al emprendimiento. Cuando sólo tenía diez años su padre enfermó y la familia al completo decidió cruzar todo el país en busca de los mejores médicos. Los pilares ya estaban puestos. La gente en el pueblo se sorprendía de que aquel chiquillo de figura endeble tuviera tanto nervio. Mientras los niños jugaban en las calles a la pelota, él ya cortaba remolacha en el campo, segaba y llevaba alfalfa a las vacas. En invierno, cuando las bajas temperaturas de aquella zona del interior obligaban a moverse a áreas más cálidas, acompañaba a su padre a Jaén, donde las ovejas estarían de octubre a febrero. Por las noches, en las praderas, ataban cada uno de los animales del rebaño con un cordel para que no se escaparan ni se dispersaran. Y a falta de mejor anclaje, se lo anudaba a su propio cuerpo. Cuando el médico evoca su infancia todavía se ve a sí mismo, muy poca cosa, escondido bajo una piedra y resguardándose de la lluvia y el relente atado a aquel rebaño. Temblando más por el miedo que por el frío. Porque sabía que si un rayo asustaba a las ovejas y salían corriendo en estampida, inevitablemente le arrastrarían con él montaña abajo.

Cuando su padre enfermó, su madre se vio obligada a aceptar un trabajo en la portería de una casa ubicada en una calle señorial de Barcelona, donde tuvieron que apretarse. Él, el mayor de los hermanos, trabajó por las mañanas, primero como dependiente en un colmado y después de botones en un banco. Por las tardes tomaba el autobús hasta un colegio nocturno de la otra punta de la ciudad. Todo el tiempo que le quedaba lo pasaba con su padre, que estaba casi siempre ingresado y cuando finalmente murió, dejó a una joven viuda. Juan, curioso como era, absorbía todo como una esponja. En el colmado, en el banco y en el hospital. Observó cada una de las actividades con detenimiento y un día tuvo claro lo que quería ser de mayor. No sería ni empresario ni ejecutivo de banca: sería médico.

Este médico sabía de dónde venía, pero sobre todo adónde se dirigía. Según él, lo que le había ayudado a ir mucho más rápido que el resto era tener muy claro su objetivo. Tener los ojos bien abiertos y los oídos destapados. Aprender de todos, del profesor, el residente, la médico, el tendero, la cirujana, el banquero, la ejecutiva, el celador, la catedrática, el conserje... De la portera y el pastor. Ir por la vida con humildad sabiendo que todos los que te rodean pueden ser los mejores maestros y los más grandes apoyos. Claridad. Acción. Sacrificio. Tesón. Humildad. Así era él. Para los que les gustaba y para los que no. Porque no permitía que nadie le pusiera frívolamente en cuestión. Para él sus orígenes nunca fueron un peso ni un lastre, sino un apoyo, un gran soporte. Sus cimientos. Esa era su tarjeta de presentación.

Una vez ya en la atalaya, en la cumbre de lo que se suponía que era el éxito, me confesó su doble deseo: corresponder a todos aquellos que le habían abierto la puerta. Ayudar a otros a subir. Y seguir aprendiendo. Disfrutando la vida con esa manera tan suya.

¿Has tenido que superar el freno
de la dispersión para progresar?
A esta pregunta que te he planteado
al inicio del capítulo,
la respuesta de mujeres y hombres es:

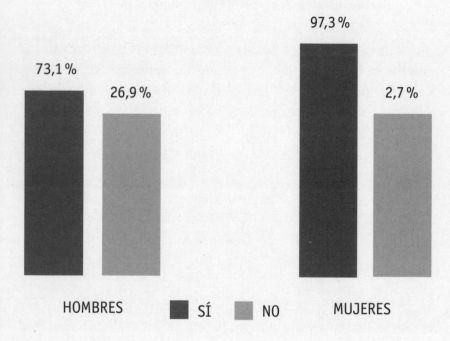

Dispersión
¿Caes en la **mediocridad** por no poner foco?

SI DETECTAS ESTOS INDICIOS...	APLICA LAS 7 PALANCAS

- ✓ No puedes decir que no a cosas que sabes que no te convienen
- ✓ Dices que no a todo, incluso a lo que te conviene
- ✓ Quieres aprenderlo todo por ti mismo
- ✓ Sientes un agotamiento extremo e incapacidad para parar
- ✓ Intentas llegar a todo

1. Perspectiva
2. Ponderación
3. Capacidad
4. Aliados
5. Autoconfianza
6. Estatus
7. Acción

Intentar llegar a todo no conduce a la excelencia, sino a la mediocridad.

7 PALANCAS PARA VENCER LOS FRENOS

	PERSPECTIVA	PONDERACIÓN	CAPACIDAD	ALIADOS	AUTOCONFIANZA	ESTATUS	ACCIÓN
BENEFICIO	Descubrir tu posición relativa para saber si cuentas con la capacidad que necesitas.	Encontrar el equilibrio entre lo que tienes, lo que quieres, lo que puedes y lo que eres.	Asegurar capacidades y recursos adecuados.	Tener una red de apoyo que te fortalezca.	Mantener la determinación en momentos difíciles.	Ser tenido en cuenta.	Ser un héroe de tu momento y aprovechar la oportunidad cuando llega.
HERRAMIENTAS							
DISPERSIÓN	Mantén la visión sobre tus prioridades.	Averigua el alcance de los compromisos antes de asumirlos. Prioriza. Ignora las tareas menos importantes.	Pon foco en lo que decides aprender.	Aprende a delegar. Gestiona las expectativas de qué esperan de ti.	Aprende a decir no.	Haz respetar tus decisiones.	No intentes llegar a todo. Evita la mediocridad. Rompe compromisos indeseados.

5

La desconexión

(Cuarto enemigo oculto en la inercia)

Responde a esta pregunta:

¿Has tenido que superar el freno de la desconexión
para progresar?

☐ Sí   ☐ No

Al final del capítulo descubrirás qué piensan al respecto
mujeres y hombres como tú.

El poder de la red

El bienestar y la fuerza del individuo residen en su red. Ésta es la lección que aprendió Nasr Chamma cuando lo perdió todo. De madre siria, Nasr había nacido en Trípoli, una de las ciudades más modernas, ricas y con mayor nivel de vida de África. Hasta que la guerra lo destruyó todo. Entonces, junto a muchos de sus conciudadanos, fue desplazado a un campo de refugiados. Después a otro. Y así hasta tres. Mientras se esforzaba por sobrevivir, Chamma, arquitecto de profesión, se fijó con detenimiento en la estructura de los campos de refugiados y cómo en cada uno de los asentamientos se organizaban las comunidades en relación con el espacio.

Uno de esos campos fue Zaatari, en Jordania. Este campamento llegó a albergar en poco más de cinco kilómetros ciento cincuenta mil personas en 2003. Para que te hagas una idea, tiene aproximadamente la misma extensión y población que el glamuroso barrio de Salamanca de Madrid, con sus restaurantes de alta cocina y boutiques. La diferencia es que los habitantes de este exclusivo vecindario no se hacinan en tiendas de campaña en precarias condiciones en el desierto junto a personas que no conocen de nada, sino que viven en bloques de varios pisos de altura y grandes comodidades. Tampoco han perdido su estatus ni son errantes sin patria, ni son definidos como refugiados. Tampoco viven de la limosna de las organizaciones humanitarias.

El joven Nasr Chamma observó que en Zaatari y otros campos de refugiados las personas tendían a agruparse según sus etnias. El mercado ocupaba un lugar vital en sus vidas. Ese improvisado y ruidoso zoco, compuesto por más de tres mil puestos de comida, venta de pájaros y peluquerías generaba una rutina, marcaba horarios y promovía el desarrollo de actividades. Gracias a él, todos los refugiados realizaban una tarea social en la que se sentían útiles y que los mantenía ocupados, minimizando los conflictos que podían surgir entre ellos. Colaborar los ayudaba a superar el trauma de la guerra y los hacía sentirse útiles en la comunidad. Colaborar aumentaba su bienestar individual.

Nasr logró salir por fin del campo de refugiados y consiguió asilo en Canadá, donde estudió un doctorado. Luego se unió al colectivo francés de Architecture Sans Frontières y años más tarde formó parte de su representación en el festival internacional de arquitectura eme3 en Barcelona, donde fue ponente. Sus ideas llamaron poderosamente la atención de un estudiante de sociología que asistía al evento. A la finalización de la jornada se acercó a él y conversaron. El estudiante estaba inmerso en la realización de su trabajo de fin de grado y preguntó a Nasr Chamma si podría hacerle una entrevista para una de sus líneas de investigación. El arquitecto sirio aceptó y semanas más tarde tuvo lugar la entrevista. Durante más de una hora, él y el estudiante conversaron sobre colaboración, progreso y sociedad en dos extremos del mundo por medio de Skype.

Chamma explicó que en los campos de refugiados desaparecían las barreras sociales y las jerarquías socioeconómicas. En ese nuevo entorno era imposible distinguir el rico del pobre, el profesor del juez, el carpintero del panadero. También allí el número de conexiones sociales crecía exponencialmente, llegando incluso a multiplicarse por cien. Cuantas más personas conocía un individuo, más fuerte se volvía porque tenía más información, más inteligencia social y seguridad. Su análisis de los asentamientos mostraba que cuanto mayor era el mercado, mejor era la cohesión y la fortaleza de las relaciones tejidas entre los refugiados. El número de conexiones y la información social los hacía más competentes, más fuertes, les hacía incrementar su competitividad grupal.

Esta unión no gustaba a todo el mundo. Las autoridades del lugar temían que el asentamiento temporal se convirtiera en una ciudad y tomaron medidas para impedirlo: anularon el mercado. Una mañana llegaron cientos de hombres armados que obligaron a cerrar los puestos, impidiendo la colaboración en ese espacio de intercambio. Al cabo de unos días comenzaron a aflorar conflictos y la violencia entre los grupos. La comunidad comenzó a colapsar, una excusa que usaron las autoridades para enviar aún más fuerzas para dispersar a sus miembros, acabando con la comunidad cohesionada. Triste, ¿verdad? Y, lamentablemente, cotidiano. ¿No te resulta familiar? Seguro que te viene a la mente más de una historia de comunidades destruidas al eliminar su cohesión —intencionada o inintencionadamente—, al impedir la colaboración.

Un día aquel estudiante de sociología me habló sobre su trabajo de fin de grado. Debatimos sobre los contrastes de nuestro mundo. Cómo personas que lo han perdido todo encuentran consuelo y significado a su existencia al colaborar con otros individuos. Entonces nos apenó darnos cuenta cómo en las sociedades de consumo e hiperconexión, las personas que lo tienen todo manifiestan signos de soledad y ansiedad. Porque en realidad no dedican suficiente tiempo a las personas a las que tienen al lado. Aquel estudiante me hizo reflexionar sobre la gran diferencia que hay entre la sociedad de consumo y la sociedad de intercambio: no es lo mismo tener conexiones que tener relaciones.

Tener relaciones de confianza ofrece a los humanos apoyo y consuelo. Bienestar. Sentido. Teniéndolo todo o perdiéndolo todo, es en la comunidad donde las personas hallan la fuerza y la determinación para aprovechar sus oportunidades de calidad.

El networking no es para cuando te van mal las cosas, sino para que te vayan bien

Te confesaré que cuando imparto un taller de networking a veces me pregunto si servirá de algo. Me siento como una dietista explicando los beneficios de la alimentación saludable, lo importante que es alimentarse con una proporción equilibrada de verduras, fruta, proteína y lácteos, y hacer ejercicio con regularidad. Explico la técnica del networking: cómo presentarse en público, romper el hielo, hacer seguimiento de los contactos, etc., mientras la audiencia asiente con convencimiento, haciendo anotaciones de algunos trucos y propuestas para cambiar hábitos. Para después, en la pausa del café, todos, yo incluida, atiborrarnos de bocatas de jamón, ensaimadas y cruasanes de chocolate. Hablamos con los que conocemos, los más cercanos. De temas banales y cotidianos, y luego volvemos a nuestro sitio sin haber ampliado prácticamente la red. Porque sabemos que el networking es importante, tanto como la alimentación sana y el ejercicio, pero luego no lo practicamos o no tanto como deberíamos.

Porque se cree que es importante, pero nunca urgente. Sólo unos pocos son conscientes de que no hay que esperar a que vayan mal las cosas para hacer networking, sino que precisamente van bien gracias a él. Las personas que cultivan redes estratégicas se enriquecen y aprenden al relacionarse con otras distintas a ellas. Detrás de un gran pensador o líder hay siempre una red diversa, conectada y dinámica. Detrás de un profesional versátil hay una red heterogénea que le está ofreciendo apoyos para sortear dificultades y nuevas oportunidades que no son obvias a primera vista, pero sí diferenciales.

Verlo menos urgente siempre ha relegado al networking a la cola de las cosas por hacer, convirtiéndolo en secundario. Pero también hay otras razones, unos frenos ya conocidos por ti que limitan su desarrollo. La inseguridad, la desubicación y la dispersión afectan al desarrollo de redes. La inseguridad retrae a la persona, la modestia limita su capacidad para relacionarse y el miedo a ser señalado con el dedo contrae. Estar en el sitio equivocado puede hacer poco atractivo el networking, especialmente si no se conecta con personas afines. La falta de foco y una tendencia demasiado acentuada a la exploración puede provocar una dispersión de redes.

El nivel de autoconfianza tiene mucho que ver con la facilidad, soltura y seguridad con la que las personas construyen su red.

Descubrí gracias a una serie de estudios que cuando una persona creía que iba a hacer networking con personas a las que consideraba superiores a sí misma se sentía sucia. Sí, sí, sucia. Resulta que después de pensar en ello, ni siquiera hacerlo, necesitaba ducharse, lavarse las manos y los dientes. Unos investigadores hicieron una serie de experimentos que demostraron que el poder y el estatus estaban muy vinculados a las ganas de hacer networking y al sentimiento de satisfacción y bienestar que se sentía.

En un estudio asignaron a los participantes distintos roles de poder dentro de una organización ficticia: a algunos les dijeron que pertenecían a un estatus bajo y a otros, a uno alto. Después debían enviar a través de LinkedIn mensajes profesionales y a través de Facebook, personales. Al medir los sentimientos de los participantes, los que habían enviado mensajes profesionales en LinkedIn se sentían mucho más sucios que los que habían escrito mensajes personales en Facebook. Entre los que enviaron mensajes personales no había nada que indicara malestar o sensación de suciedad, fuera cual fuese su estatus. ¿Y los que fueron asignados a un alto estatus? Siempre se sentían bien, hubieran enviado mensajes personales en Facebook o profesionales en LinkedIn.

Las personas que se creían en situación de poder, seguras, creían que contactaban con sus iguales o con inferiores y jamás tenían ningún reparo en practicar el networking. Es más: como sentían que ayudaban, experimentaban un gran bienestar. Las personas que se sentían en una posición más baja o que dudaban sobre el alcance de su contribución, se sentían poco auténticas e inseguras. Al creerse más débiles, dejaban de buscar alianzas e intercambios de valor con personas que podrían ser sus iguales. Al no explorar, tampoco encontraban estrategias ni vías para salir de su situación de menor estatus. Quedaban atrapadas.

¿Recuerdas el síndrome de la amapola? Personas que temían ser castigadas si destacaban demasiado. ¿Qué ocurre cuando la persona está en contextos en los que se castiga o se teme ser castigado si se sobresale? Que se quedan en un segundo plano. ¿Cómo afecta la modestia a la creación de contactos? Desfavorablemente. También cuando se teme ser encasillado como «enchufe» porque nadie quiere ser tomado por un farsante. El famoso síndrome del impostor, que afecta a personas inseguras, sensibles a la opinión de los demás. Si buscan agradar, tendrán pavor a que otros crean que ocupan una posición sólo por influencias.

¿Recuerdas cómo se podía combatir la inseguridad? Con mayor perspectiva y red. Precisamente haciendo lo que más se teme: incrementando la exposición y la vinculación con los demás. Trabajando la marca personal, comunicando a aliados clave. Lo que más frena la creación de redes no es el odio, sino el miedo. Tener más miedo a fracasar que a intentarlo. Temer dedicar tiempo a algo que no sirva, a sentir el rechazo de no ser correspondido, seguir las directrices de otros en lugar de nuestros instintos. La única manera de alterar la forma en la que hacemos las cosas es haciendo lo que nuestras creencias nos impiden hacer. La mejor manera de mejorar la capacidad para hacer networking es hacerlo. No tenerle miedo. Los humanos, niños y adultos, aprendemos haciendo, el famoso «*Learn by doing*». Porque cuando se supera el freno de la desconexión, sucede la magia. Como le ocurrió a Ana y me comentó en un email:

Querida Arancha:

En una charla, hablaste de lo mucho que trabajamos las mujeres, de lo muy comprometidas que estamos con nuestras empresas y de lo poco visibles que somos. Hiciste una comparación (lo ilustraste) con el «monumento al soldado desconocido». Aquellos que dan la vida por una causa y después nadie recuerda su nombre. La visualización de aquel ejemplo me abrió los ojos y me hizo reflexionar sobre la huella que cada uno dejamos en nuestros entornos, tanto personales como profesionales.
Desde aquel momento, aunque tengo que admitir que todavía me cuesta, me esfuerzo por dar a conocer más a menudo los resultados de mi trabajo, participo en más actividades dentro y fuera de mi empresa y, en general, comparto más mis opiniones. He ganado seguridad en mí misma, estoy más abierta y me siento mucho más cómoda compartiendo mi trabajo o aquello que puede tener un efecto positivo para mi carrera. Esto ha llevado a que personas que antes no me conocían o me conocían poco hayan empezado a contar conmigo y me estén ofreciendo su apoyo en situaciones en las que lo necesito. Gracias.

Ana

¿Dónde están tus redes afines?

Las personas tienden a unirse en «tribus», grupos en los que los miembros son similares. Nasr ya lo explicaba: en los campos de refugiados, los sirios se agrupaban con los sirios y los jordanos con los jordanos. El humano tiende a incorporarse a grupos que comparten estas características:

1. **Proximidad.** Lleva menos tiempo y esfuerzo recibir los beneficios de una relación cercana que de una lejana.
2. **Familiaridad.** Genera más confianza y seguridad estar con personas con las que se comparte creencias y orígenes comunes.
3. **Atractivo.** Las personas se sienten atraídas hacia los que les hacen sentir bien o a los que asocian con situaciones en las que han estado bien.
4. **Reciprocidad.** Donde existe la costumbre de dar lo que se recibe.
5. **Similitud.** Uno se siente recompensado cuando percibe que otros tienen opiniones similares a las propias.

Hay trabajos densos de psicología social que explican estos cinco factores y que están compilados en el manual de *Social Psychology* de David G. Myers. Sin embargo, para una lectura más amena e igual de clarificadora, recomiendo el precioso libro *Cómo ganar amigos e influir sobre las personas* de Dale Carnegie.

Y además de estos factores, y casi más importante: el aprecio es el mejor combustible para la creación de redes: en efecto, nos gustan más aquellas personas a las que les gustamos.

¿Te acuerdas del cuento del patito feo? Isabel encontró la fuerza y determinación para volar cuando en la otra punta del mundo dio con una tribu de cisnes que eran como ella. Su grupo no estaba en un rincón del estanque donde se había criado. Esta historia nos recuerda que a veces la desubicación no se explica sólo por no estar en el sector o función que más te gusta o que es más afín a tus capacidades e intereses. A veces la desubicación surge porque en ese espacio no hay nadie de tu tribu.

Este es un caso extremo. Lo más común es que dentro de un grupo u organización haya personas afines, neutrales y no afines en una proporción de 30-40-30, regla que suelo explicar a menudo para que las personas desarrollen una buena estrategia de networking.

Esta proporción se suele usar en política para definir estrategias de comunicación y acercamiento a colectivos durante la campaña. A grandes rasgos, aproximadamente el 30 % de la población es de perfil progresista y el otro 30 %, conservador. Es más probable que un votante conservador prefiera abstenerse que votar una candidatura progresista y viceversa. El 30 % de la población afín a su pensamiento le será fiel. Incluso cuando no le guste mucho el candidato, preferirá apoyarle que permitir que los otros ganen. Y viceversa.

¿Qué ocurre con el 40 % restante? Los indecisos hacen ganar o perder las elecciones. En ese territorio cambiante es donde realmente se desarrolla la batalla electoral. El mejor estratega político es aquel que se centra en los argumentos que convencen a los indecisos, incluso si a veces no agradan a sus seguidores. Porque sus votantes son un perfil cautivo y, en cambio, los indecisos pueden hacer inclinarse la balanza a favor del otro candidato. Cuando una facción, conservadora o progresista, gana el 30 % de los leales más el 40 % de los indecisos, se hace con el 70 % de la audiencia.

Ahora piensa en tu universo social, e incluso en tu situación dentro de tu organización. De cada diez personas que conoces, hay tres con las que conectas inmediatamente. Los tuyos, con los que tienes una afinidad y una conexión especial. Hay otros tres con los que no te llevas nada bien, por no decir que os lleváis fatal. Y cuatro, que ni fu ni fa. En un mundo ideal, tendrías una proporción de esas diez personas en su contexto y tu mejor estrategia de networking debería ser la siguiente:

- Crear alianzas con los tres leales y que te ayuden a captar a los cuatro indecisos.
- Ignorar o neutralizar a los tres a los que nunca gustarás.

Si entre los tres poco afines tienes la mala fortuna de que esté tu jefe inmediato, esta estrategia te servirá para mucho más que para hacer networking. Servirá para protegerte. Los siete harán de escudo fundamental y evitarán que pueda generar rumores falsos sobre ti y tapar tus méritos. Que pueda convencer a esos cuatro indecisos y lograr hacerse con una mayoría que te condene.

Si eres de las personas que prefieren no hacer networking para no ser catalogadas como «falsas» o por no dar argumentos a quienes te van a criticar me gustaría que reflexionaras si lo que no estás haciendo en realidad es abandonar a su suerte a tus seguidores. Al no retroalimentar los lazos de confianza con tus redes más leales, les haces dudar, olvidarse. Incentivas su abstención. Ignorando a los cuatro indecisos, dejas que otro ocupe esa zona. Pierdes a siete por tres a los que nunca llegarás a gustar. Dejas de tener redes y te quedas expuesto e indefenso.

Como le sucedió a Silvia. Todos los años, su empresa organizaba una comida antes de la llegada del verano. Durante el evento, de ambiente festivo y distendido, se solía hacer una mención especial a algún empleado cuya labor destacada y entrega ejemplar merecían un reconocimiento y aplauso público. Bajo unas carpas situadas en un precioso jardín a las afueras de la ciudad, los empleados revoloteaban de mesa en mesa saludándose y charlando animados hasta que el director general tomó la palabra. Silvia sintió cómo todas las cabezas se volvían hacia ella. Su nombre había sido pronunciado. Ella, que evitaba llamar la atención, agradeció con un tímido gesto la mención cuando todos empezaron a aplaudirle y a animarla para que se dirigiera al estrado. Lo hizo con gran embarazo. Incómoda por el halago y también agradecida por las muestras de cariño y apoyo. Una foto inmortalizó el momento en que recogía su premio. Una Silvia pletórica de orgullo levantaba su trofeo en dirección a su equipo en señal de triunfo compartido.

Los últimos tiempos habían sido difíciles, a pesar de esos buenos resultados de su departamento. Habían logrado alcanzar objetivos e implementar mejoras para toda la organización. Pero la buena camaradería de puertas adentro contrastaba duramente con los roces con otras áreas de la empresa. Las múltiples reestructuraciones habían provocado una lucha por el poder que desagradaba a Silvia profundamente. Ella intentaba una y otra vez centrarse en hacer bien su trabajo, desarrollar su equipo, hacer las cosas correctamente. Por eso entró en shock cuando fue despedida sólo tres meses más tarde de haber sido premiada. Es increíble el efecto que la inseguridad y la culpabilidad tienen en una persona, la transforman. Silvia no parecía la misma persona tras el despido. Con ojos vidriosos y voz trémula, parecía mucho más pequeña. Más frágil. Incluso su pelo parecía haber perdido el brillo habitual.

Después de un tiempo y reflexión, Silvia se dio cuenta de los dos terribles errores que había cometido. El primero, no generar alianzas en la organización. Había existido un conflicto permanente con un colega que no había tenido ningún pudor en atribuirse méritos con tal de inclinar la balanza a su favor. Silvia no había entrado en polémica creyendo que las cosas se calmarían solas. El segundo error había sido callar. Su silencio había dejado un espacio que la otra persona había ocupado con promesas de grandes resultados cuando tuviera el poder en sus manos. Y lo primero que hizo cuando le ascendieron fue librarse de ella. Ésa fue su segunda lección. Que existen dos factores críticos para hacerse con el poder en una empresa. El primero es ansiarlo fervientemente. El segundo, que tus oponentes no lo deseen tanto.

También dos fueron los apoyos que ayudaron a Silvia a salir adelante. Uno, sus aliados: compañeros de trabajo, equipo, amigos, se esforzaron una y otra vez en recordarle que ese despido no podía ser interpretado como un fracaso personal, sino como una etapa del camino. El segundo factor para su recuperación fue su actitud de aprendizaje. Comprendió que ser directiva significaba entrar en la política a todos los niveles de la organización para proteger su trabajo y el de todo su equipo. Que el poder no es algo sólo de egos, sino que sirve para conseguir objetivos. Porque hay que recordar a la empresa la importancia y la relevancia que tiene su función para toda la cadena de valor. También aprendió que si tienes un enemigo, quizá no puedas neutralizarlo. Aunque merece la pena intentarlo.

En busca de la proporción ideal

Si quieres no quedarte corto ni largo en la práctica del networking te recomiendo que sigas la regla del 80-20: «Invierte el 80 % de tu tiempo en lo que sabes que funciona y el 20 % de tu tiempo a lo nuevo».

- Invierte el 80% de tu tiempo en el 20% más valioso de tu red: identifica los contactos más valiosos de tus redes que influencian el 80 % de las oportunidades que se te presentan. Son los contactos que Malcolm Gladwell llama conectores, vendedores y sabios en su libro *The Tipping Point*.

- Invierte el 20 % de tu tiempo en el 80 % de la red más extensa: explora, conoce a personas nuevas, llama a personas que hace tiempo no ves, ábrete a situaciones desconocidas. Descubre nuevos contactos que pueden añadirse a tu 20 % más valioso.

Nunca, nunca, nunca al revés. No hay que confundir hacer networking («red de trabajo») con ir a encuentros socioprofesionales (meet-up). Puedes hacer networking sin asistir a meet-ups, e ir a meet-ups sin que te resulte útil para el networking. Concentra tus esfuerzos en lo que es probable y no en lo que es posible. ¿Es posible que cualquier persona pueda, remotamente, contribuir a tus objetivos y bienestar? Sí, es posible. ¿Es probable? No siempre.

Por otro lado, hay que impedir que el 20 de exploración se convierta en un 80. Muchos actúan creyendo que todo vale y que, al final, enriquecerá de alguna manera a toda la comunidad, lo cual es cierto pero sin olvidar que si se dispersa demasiado, a la larga se puede perder la propia capacidad de ayudar. Las personas tienen límites y el tiempo es limitado. Hacer networking en proporción 80/20 y no 20/80 incluye una lección adicional: 80 y 20 suman 100. Es el máximo. No hay más. Lo que se incrementa en uno decrece en la misma proporción en el otro. Al «conectar con todos», al dedicar más de un 20 % al 80 % por no saber decir que no, o por el «y si...», se corre el riesgo de retirar demasiados recursos del 20 % crítico. Al disminuir la red que da soporte a la persona, ésta se vuelve vulnerable y débil. Para ayudar a los demás, uno debe ayudarse también a sí mismo.

En el 80 hay que incluir los entregables, las relaciones clave, las reuniones con clientes, escuchar al equipo, tiempo para reflexionar… y también la política organizacional. Sí, la política. Algo que da muchísima pereza a muchos profesionales. Hay muchos mánagers concentrados en la ejecución de proyectos que descuidan e incluso desprecian la política interna y las relaciones externas más allá de lo estrictamente necesario. Pero cometen un grave error: si no son bien vistos, reconocidos, si no adquieren estatus dentro y fuera de la organización mediante redes, los perjudicados son ellos y SU EQUIPO, que no podrá contagiarse de los recursos, opciones y estatus de su mánager. La falta de networking «político» que teje redes dentro de la organización perjudica al mánager, a su equipo, a su empresa e incluso a su sector. Porque en las redes reside la fuerza y el bienestar de la comunidad.

Lo que pones en el 80 y en el 20 tampoco depende sólo de ti mismo. Todos quieren estar en el 80 y nadie se conforma con ser postergado al 20. Nadie. Y en la cultura digital del doble check del mensaje en el móvil, menos. Antes, no contestar a alguien podía significar un espacio de reflexión sobre en qué momento se iba a resolver esa cuestión o que simplemente no se había visto. Ahora se interpreta directamente como un rechazo, lo sea o no. Todo se eleva a la categoría de urgente. Todo quiere pertenecer al 80, quedando poco espacio para el 20. Y para la reflexión.

En el difícil equilibrio de cuánto tiempo y a quién se dedica, he de decir que los exploradores y los que poseen una pasión profesional pagan un alto precio: la soledad. Como le sucedía a Daniel. Todos decían que era un *workaholic*, es decir, un adicto al trabajo. Parecía que nunca tenía fin, que siempre quería más. Cuando alcanzaba una meta, iba a por la siguiente. Pocas veces saboreaba los triunfos plenamente o durante demasiado tiempo. Su primer matrimonio había fracasado. Sus dos hijos vivían ahora con la madre y él tenía derecho de visita los fines de semana alternos. Cuando no estaba con ellos seguía trabajando. Y cuando le tocaban, un rato del fin de semana también. Siempre estaba disponible para su equipo. También para sus alumnos, sus colegas o cualquier persona de su sector que tuviera un problema. Daniel llegó a lo más alto. Un día le dieron uno de los premios más prestigiosos de su profesión. Cuando subió al estrado a agradecerlo, toda la sala se levantó en una cerrada ovación. Había sentido las palmadas en la espalda de sus compañeros, la cálida sonrisa orgullosa de sus hijos desde sus asientos. Al volver a casa, dejó las llaves junto a la entrada. El sonido del metal sobre la mesa quebró el silencio. Encendió las luces del pasillo que llevaba a la cocina. El resto estaba en penumbra. Tenía sed. Abrió la nevera, la mayoría de las baldas estaban vacías. Junto a la botella de agua había, envueltos en una bolsa de plástico, restos de la comida tailandesa de la noche anterior. La cogió y salió afuera a tirarla a un contenedor. Sabía que, si no, corría el riesgo de que se pudriera como en otras ocasiones. Al volver al apartamento sintió la soledad. La ausencia de alguien con quien compartir el éxito. Unos días más tarde comimos juntos y me contó el remordimiento que sentía por no haber dedicado un poco más de tiempo a las personas a las que más quería: su familia y amigos. En alguna ocasión habíamos hablado de la proporción 80/20 (80 al trabajo, 20 a lo personal) y bromeando, pero muy en serio, me había dicho que lo suyo era más 90/10, y si eso. «Depende de lo que consideres diez —le dije—. A lo mejor es algo más si cuentas a tu universo profesional de colegas, equipo, alumnos. Todos saben que pueden contar contigo.»

Entonces recordamos la historia del doctor Livingston y el síndrome del explorador. ¿Qué consideraría su círculo que había sido la proporción en su gestión de redes? Probablemente sus familiares en Inglaterra te dirían que tampoco llegaba al 10. Porque el resto estaría, casi con total seguridad, junto a su corazón en África.

El networking en las organizaciones

Quizá en el pasado se pudo sobrevivir en una organización siendo hosco y rudo con el equipo y los colaboradores. Puede que se pudiera ser autoritario y déspota escudándose en los galones o en el sistema jerárquico. Se podía ser un mal líder y un mal gestor. Ahora ya no. Sé que mueves la cabeza negándolo mientras lees estas líneas, pensando para tus adentros que soy una ingenua. Pero créeme si te digo que la incapacidad para colaborar ahora es un motivo de despido habitual. Que primeras espadas salen de sus empresas a pesar de ser muy valiosos para el negocio y ni siquiera les ha salvado ser la mano derecha del empresario o la prima donna del departamento más estratégico de la compañía.

¿Por qué este cambio? Por dos razones: la primera es que cuando una persona —y no una máquina— ocupa un puesto es porque relacionarse con otros es crítico para esa función. Si no, sería sustituido por un software. La segunda razón es que el fallo ya no puede ser ignorado. Todo se monitoriza: el rendimiento, los estados de ánimo y los índices de satisfacción. Se puede ignorar lo que no se mide, quitarle importancia, dejarlo pasar. Un director general puede quitarles hierro a las salidas de tono de su «ojito derecho» o un jefe de proyecto hacer la vista gorda ante una conducta inadecuada de su mejor técnico. Hasta que una prueba escrita, en vídeo, por audio o en gráficas pone en evidencia las múltiples quejas. Entonces no queda más remedio que enviarlo a casa.

El otro día me llegó uno de esos casos. El problema es que esta persona, cuando hablamos sobre las razones de su despido, era incapaz de ver el porqué de su salida. Consideraba que tampoco era para tanto y que no le habían dicho tan claramente que tenía que controlar sus rudas maneras. Yo sí que lo sabía porque precisamente su jefe me había llamado para explicármelo.

Estuvimos mucho rato hablando de varios temas y casualmente me comentó que uno de sus hijos estaba acudiendo a dinámicas de aprendizaje social y que le estaba yendo muy bien. Esto me dio pie a recomendarle que trabajara con un coach o incluso un psicólogo para aprender, como su hijo, a desarrollar capacidades sociales. Al principio me miró con sorpresa, como si no se le hubiera pasado por la cabeza que algo natural para los niños también lo fuera para los adultos. Entonces se dio cuenta de que lo que es bueno para los que están empezando también lo es para los que ya están dentro. En el mundo profesional de hoy en día, las habilidades sociales son tan importantes como el inglés o aprender a trabajar con tecnología, y si una persona carece de ellas de forma natural, debe acudir a un especialista si es necesario para aprenderlas, tenga diez, veinte, treinta o cuarenta años. Esta persona así lo hizo y descubrió que, en efecto, le faltaban estrategias sociales y también cómo aprenderlas. Tuvo un gran valor al reconocer sus debilidades y afrontarlas. Demostró que realmente era una persona extraordinaria.

Créeme que por muy bueno que seas, si no sabes trabajar en equipo, antes o después prescindirán de ti. Una empresa no se puede permitir meter a una persona dentro de una habitación haciendo cálculos sin relacionarse con nadie. Porque eso ya existe y se llama servidor de software. Las personas en las organizaciones sirven para colaborar las unas con las otras y cada vez tiene menos importancia la capacidad intelectual que la relacional. Ser brillante es darse cuenta de lo que te falta y tener la humildad para reconocerlo y aprenderlo.

En otras ocasiones es la empresa la que pierde talento por no facilitar la colaboración. Como sucedió con Victoria. Fue contratada en el departamento de Ventas para llevar la zona este de Andalucía. Al principio estaba encantada, con su flamante coche, su tableta, con la sensación de ser mayor e independiente con tan sólo veintitrés años. Unos meses después todo era desencanto, aburrimiento e incluso ansiedad. Hacía visitas de cinco minutos. Vivía sola. Trabajaba sola. Se sentía muy sola. Su oficina era su coche y sus compañeros, personas a las que casi no veía y con quien se comunicaba por whatsapp, más para compartir penas que alegrías. Su rendimiento empezó a bajar y un día dejó la empresa con un sabor de boca a fracaso. Después de un tiempo encontró trabajo en una empresa de cursos de inglés ocupando un puesto en Televentas. En una oficina, con compañeros con los que se reía, hablando con clientes… No tenía sensación de ser comercial, sino de ayudar a la gente. Resolverles una necesidad. En sus sueños de carrera, la primera empresa con una marca reconocida y mejores condiciones de salario podía ser su objetivo ideal. Pero ahora le daba igual, porque prefería trabajar con gente y para gente. Aquella empresa había perdido a una joven de gran potencial porque no había sabido generar las condiciones de relación y colaboración ideales para su desarrollo.

Con bastante seguridad a Victoria le había faltado un buen mentor o espónsor. Alguien que apostara por ella, la ayudara a crecer, la protegiera y también le exigiera. El apoyo de un espónsor en una organización es fundamental. Aporta perspectiva, motivación y recursos para avanzar en su complejidad. Hasta que el momento de maduración llega y hay que empezar a volar con independencia. Como le pasó a Antonio, quien sabía que gran parte de su crecimiento se lo debía a su jefe. Lo había protegido hábilmente cuando estaba verde y animado a saltar a la piscina cuando lo veía preparado. Había sido un apoyo silencioso, su hada madrina durante años. Antonio se sentía muy cercano a su mentor y muy agradecido. Pero lo que había sido positivo para su desarrollo también se estaba convirtiendo en su mayor freno. Siempre estaba bajo su sombra y todos lo consideraban un apéndice del jefe. Incluso ellos mismos tendían, sin quererlo, a perpetuar esa relación de pupilo y maestro. Entonces, un día tuvo el valor de pedir un cambio

de división, cosa que su jefe se tomó como una traición. Egoísta-
mente no quería perder su cómoda mano derecha. La compañía
lo aceptó y Antonio se vio solo, sin nadie que velara por él. Pero
estaba preparado y resultó ser el mejor de los regalos. Fuera ya del
manto de protección de su jefe, se buscó por sí mismo sus apoyos
en la empresa y se dio a conocer. Dejó de ser apéndice y fue un ser.
La visibilidad dio sus frutos y le asignaron un proyecto muy distinto de los que acostumbraba a llevar y que, de haber estado con
su jefe, probablemente no le habría llegado. Con el tiempo su mentor también lo entendió y se alegró mucho de verlo brillar.

Los programas de mentoring son herramientas muy útiles para
el crecimiento de los profesionales dentro de una organización.
En una ocasión, una empresa con sede en Oakland, California,
me pidió consejo para dinamizar su programa de mentoring, que
no acababa de funcionar. Tras el análisis detectamos que tres eran
los frenos que frustraban su éxito: primero, la asignación de mentores y mentorizados no era óptima, pues había parejas que no co-
nectaban; segundo, la regularidad de los encuentros decaía por
falta de priorización de la actividad frente a las urgencias del día
a día; tercero, y el mayor de todos los peligros, el abandono del
programa, normalmente un aviso de que en breve el joven se cambiaría a otra empresa. Les propuse diseñar soluciones inspiradas
en los principios de familiaridad, atractivo, similitud y reciprocidad. Realizar una asignación entre mentores y mentorizados en
virtud de temáticas de interés común. Dinámicas de intercambio
de roles (*rol-play*) que ayudaran a comprender las dificultades de
priorización que tenían que superar, que alejaran el sentimiento de inferioridad y dieran perspectiva sobre los beneficios globales de colaborar. Generar experiencias placenteras en torno a las
sesiones de mentoring, realizándolas en lugares agradables, que
les permitieran ganar seguridad y sentir bienestar. Recoger sugerencias, permitirles participar en el diseño de sus planes, fomen-

tando especialmente la colaboración entre perfiles júnior y sénior, premiando los mejores e integrándolos dentro del plan de talento interno de la empresa. Al cabo de un tiempo, y gracias a fomentar la familiaridad, el atractivo, la similitud y la reciprocidad, con especial foco en la visibilidad del beneficio de colaborar, el programa de mentoring consiguió funcionar de verdad.

Cuando no hay programas estructurados de mentoring, los más espabilados se buscan la vida para conseguir apoyos. Son los que suelen subir. Pero no todos tienen esa facilidad. Ahí es cuando emergen los buenos líderes, los que se preocupan de prestar apoyo y esponsorización a todos, especialmente a los que les cuesta más pedir ayuda. Hace años, mucho antes de que el 8 de marzo y el #MeToo dieran un impulso a los programas de diversidad en las empresas, un directivo que conozco comenzó a organizar comidas periódicas sólo con las mujeres de su equipo. Y no sólo con sus reportes directos, sino también segundos y terceros niveles. En un restaurante agradable, con mucha luz, les preguntaba cómo estaban y les pedía su opinión. Les ofrecía consejo y ayuda. Al principio esta iniciativa fue vista como algo extraño y fue la comidilla de su división. ¿Por qué querría ese director reunirse sólo con las mujeres? El directivo era consciente de que su organización era muy jerarquizada y que algunas mujeres podían sentir pudor al intentar buscar mentoring o un apoyo especial en su jefe. Pedir un café con un superior, ahora normalizado, entonces podía hacer sentir incómoda a una mujer por timidez o incluso porque podía ser malinterpretado. Este director quería facilitar que hablaran con él, sin el peso de la autoridad ni de sesgo. Le importaba por encima de todo que su equipo creciera y se desarrollara. Hombres y mujeres por igual.

Por casualidad, años más tarde coincidí con una de esas mujeres, que me explicó cómo había vivido aquellas comidas. Una vez superada la sorpresa, aquellas mujeres encontraron aquel espacio para hablar de lo más útil y alentador. Me dijo que no fue hasta mucho tiempo después cuando había comprendido su valor. Le había ayudado a crecer, animado a relacionarse con otros espónsores. Le había enseñado a hacer networking. Y como mujer le había mostrado, además, que también tenía aliados entre los hombres.

El networking externo

Siempre que pienso en David recuerdo su inmensa sonrisa de oreja a oreja. También su estilo elegante y porte distinguido. Llevara traje o atuendo informal, se podían intuir las horas de deporte en sus anchas espaldas y ágiles ademanes. Nadador, solía ir a la piscina a entrenar varias veces por semana al despuntar el alba. Recuerdo que cuando nos veíamos siempre llevaba una preciosa libreta negra de cuero, llena de anotaciones. La última vez que hablé con él fue para agradecerle un regalo que me había enviado: un libro sobre networking de un tal Cipriano, un restaurador muy conocido de Madrid.

Hace ya por lo menos dos años que David había salido de la empresa a la que se había dedicado en cuerpo y alma durante casi veinte. Tan leal y entregado era, que sus amigos bromeaban con él diciéndole: «David, ¿sabes que hay vida más allá de tu empresa?». Un día tuvo que descubrirlo a la fuerza. Los motivos de la salida no son tan importantes como que cuando David se vio fuera, no tenía ninguna red externa. Jamás había considerado que la necesitara porque se sentía muy apoyado y respaldado en la esfera corporativa, donde era un líder reconocido y muy apreciado a todos los niveles. Había descuidado tanto la generación de contactos profesionales fuera del ámbito de su organización que ahora estaba solo y con una gran sensación de desamparo. Necesitó un tiempo para encajar el golpe y recomponer su orgullo y autoestima, pues la fuente de su fortaleza había desaparecido para siempre.

David aprendió mucho de aquella experiencia que, sin duda, fue un gran punto de inflexión en su vida. De todas las lecciones aprendidas, la más importante fue la misma que aprendió Nasr Chamma: que la fuerza nace de la red. Y no tanto por lo que había perdido, sino por lo que fue capaz de ganar gracias a la generosidad de muchas personas que, sin conocerlo especialmente o incluso sólo siendo conocidos de conocidos, lo habían recibido, escuchado y ofrecido su consejo desinteresado. David, que sólo había conocido el lema de las tres «T» —«trabajo, trabajo y más trabajo»—, se había sorprendido enormemente cuando personas de posiciones muy variadas en organismos, empresas y consultoría habían hecho un hueco en su agenda para ofrecerle perspectiva e, incluso, a veces un contacto nuevo al que conocer y que podía ayudarle a encontrar un nuevo trabajo o, cuando menos, a aprender sobre nuevos sectores, funciones y proyectos mientras estaba buscando trabajo. Cada contacto y aprendizajes los anotaba en su libreta de cuero para jamás olvidar a aquellos que tanto lo ayudaron, a los que desde entonces siempre hacía seguimiento e incluso algún que otro espontáneo regalo, sólo por el placer de corresponder con un pequeño detalle de aprecio, aunque supiera que el otro no estaba esperando nada a cambio. David encontró un empleo, pero ya nunca más volvió a descuidar la generación de contactos, dentro y fuera de su organización. Tanto para dar como para recibir, porque se le había grabado a fuego aquella lección: de la red nacen la fuerza y la determinación para crecer como profesional, y el bienestar y la felicidad personal.

Muchos reaccionan como David cuando no les queda más remedio, y otros, lamentablemente, ni eso. O porque han perdido la costumbre y no saben ni por dónde empezar o porque creen que como quemaron sus naves nadie los va a ayudar. Pero la historia de David ofrece una preciosa lección: hay muchas personas que, siendo perfectas desconocidas y estando muy ocupadas, abren un espacio en su vida para ayudar a otras cuando lo necesitan. La clave para conectar con esa cadena de favores universal es encontrar personas con la misma afinidad, de tu 30, y para los que tú seas de su 80. David hizo una lista de temáticas que le interesaban en su nueva etapa profesional. Ya no quería, como él decía, seguir yendo «hacia delante, hacia donde le indicaran, como un burro con orejeras», sino guiar su carrera según sus propios criterios. Decidiendo. Se tomó un tiempo de análisis y reflexión para configurar una lista, que escribió en la primera hoja de su agenda, con trazos decididos y nítidas letras. E igual de disciplinado y cuidadoso que era en otras facetas de su vida, fue tejiendo redes. Sabía pedir a quién ver y explicar para qué. No se dedicaba a explicar su currículo ni a relatar los sucesos de su vida ni a justificar por qué se encontraba en esa situación. El objetivo de las reuniones era aprender de los otros, admirar sus logros, comprender sus retos. Cuando era pertinente, ofrecía su punto de vista y algún que otro consejo que a él le había funcionado cuando había estado en su piel. A nadie le importaba recomendarle ni pedir el favor de que le recibieran porque eran conscientes de que los iba a dejar bien. Y que también al otro 20 le iría bien conocerle. Porque David iba, estratégicamente, hilando redes en sus 30 y a sus 80, haciendo que nadie sintiera que estaba perdiendo el tiempo.

El networking ayuda cuando van mal las cosas y también para que te vayan bien. Ayuda a ganar estatus y desarrollar marca personal que sirva para alcanzar los objetivos profesionales, no sólo personales, sino también del equipo y de la organización en la que se está. Conozco a muchas personas que saben desarrollarlo con gran habilidad y quiero compartir contigo otros tres ejemplos que me gustan especialmente.

AHORA O NUNCA

178 |

El primero es el de Eva Collado Durán, una de las personas que mejor gestionan grandes comunidades digitales de cuantas conozco. Eva y yo pertenecemos a una gran familia de colegas vinculados al mundo de la marca personal y antes de vernos por primera vez personalmente ya nos conocíamos de manera virtual. Yo me di de alta en Twitter antes que ella, puede que incluso dos años antes, siendo mi perfil comparativamente con el suyo mucho más discreto. Eva cuenta con miles de seguidores cuyo número subió como la espuma desde que empezó a compartir contenido. Porque era imposible no percibir su presencia, en el buen sentido. Eva es generosidad y asertividad hechas persona, dos cualidades fundamentales para construir una comunidad de calidad en redes sociales digitales. Generosidad porque dedica mucho tiempo a seleccionar y producir contenido de calidad. Su *timeline*, es decir, el histórico de sus mensajes, siempre es de calidad y relacionado con los temas que interesan a sus seguidores: transformación digital de las personas, recursos humanos en línea, marca personal… Si la conoces o sientes curiosidad por ver lo que dice, también verás que hay mucho mensaje de «gracias», «¡qué bien!», que indican reciprocidad y feedback. Eva siempre da las gracias, se acuerda de todos, entrega muestras de cariño digital que, todas juntas pueden abrumar, pero que son muy importantes para cada uno de los usuarios que las reciben a título individual. Cuando nos vimos en persona por primera vez, se me acercó y con un gran abrazo me dijo un «¡Gracias!» que me dejó perpleja. Fue en el Personal Branding Lab Day. Ya por entonces Eva era todo un referente en redes sociales y tenía una reputación muy notoria. Aquel primer congreso de marca personal en España, organizado por Guillem Recolons y Jordi Collell, marcó un antes y un después en nuestro sector. Reunió a todos los especialistas e interesados en esta temática que hasta entonces éramos islas. Estábamos cada uno hablando del mismo tema por nuestro lado pero sin relacionarnos. Éramos perfectos desconocidos unidos por un interés común hasta que Jordi y Guillem tomaron la iniciativa para el bienestar de todos. El agradecimiento de Eva me dejó muy sorprendida, no me constaba que hubiera hecho nada por ella. Ni siquiera habíamos charlado digitalmente.

—Tú, Arancha —me comentó—, me apoyaste cuando yo no era nadie.

—¿Yo? —le pregunté extrañada.

—Tú me referenciaste. —Y entonces me explicó cómo.

En uno de mis posts de *Historias de cracks*, yo había compartido mi lista de «Mis favoritos en Twitter», elaborada con usuarios a los que seguía y de los que aprendía. En la imagen del post, hecha con una captura de pantalla de la lista, se podía ver con nitidez cinco de estos usuarios. Entre ellos se podía reconocer perfectamente a Eva.

Jamás me hubiera enterado de lo mucho que significó para Eva Collado Durán aparecer en esa lista si no me lo hubiera contado. Yo había sido un indicador de que iba por el buen camino y para mí fue un halago que mi opinión sobre su contenido le diera tanta seguridad para seguir adelante. Fue generosa al decírmelo: su silencio no hubiera cambiado nada, pero su agradecimiento fue un regalo.

Además de generosidad, la asertividad de Eva Collado Durán es otra de sus grandes virtudes. Sabe cómo no engancharse en discusiones o conversaciones eternas zanjándolas en el momento adecuado con respeto. Te pondré un ejemplo, esta vez en otra red social de amplia difusión e importancia para el networking: el WhatsApp. ¿Quién no está en decenas de grupos que no le aportan valor sin saber cómo salirse de ellos? A mí personalmente muchos de ellos me saturan. Por eso, una vez más, mi admiración fue superlativa ante la delicadeza y determinación con las que Eva gestionó una situación. Las dos permanecíamos en un grupo creado para la coordinación de un evento celebrado meses antes. De vez en cuando alguien hacía algún comentario que lo mantenía vivo y que, al ser sus miembros de perfiles muy variados, no aportaba igual de valor a unos que al resto. Entonces Eva envió el siguiente mensaje:

> Queridos, estoy intentando poner orden en mi WhatsApp, no me da la vida para interactuar con todos los grupos, así que me estoy dando de baja en pro a mi foco y efectividad. Todos tenéis mi teléfono personal y sabéis dónde encontrarme en redes para contactar conmigo cuando lo necesitéis, un abrazo enorme.

Acto seguido, salió del grupo.

Qué importante es gestionar el networking en equilibrio de generosidad y asertividad, como hace Eva Collado Durán. Dedicando, por un lado, mucho tiempo a seleccionar y producir contenido de calidad y dando muestras de cariño digital. Y, por el otro, sabiendo poner foco y efectividad, centrándose en el 80/20. No cerrando la puerta de un portazo, sino dando la dirección para que llame quien necesite algo concreto.

El segundo ejemplo es el de Anna Gener. Presidenta de Savills Aguirre Newman en Cataluña. Anna es miembro de las principales asociaciones de su sector, vinculadas al mundo del Real Estate. Además está muy involucrada en su ciudad, Barcelona. «City Builder» es un buen concepto que la representa y contribuye desde distintas plataformas ciudadanas, formando parte activa de la junta de gobierno de algunas de ellas. Su hábil networking no se circunscribe sólo al ámbito de lo físico, sino que tiene un perfil muy activo especialmente en la red social de Twitter. Se ha hecho con un buen número de fieles followers que aprecian cómo cada mañana los saluda con la imagen de una pequeña joya arquitectónica, del mundo del diseño, del arte o de la fotografía. Siempre cuidando de todos, dando caricias a su comunidad a modo de likes. También sabe ser una leona. Ella, de llamativa belleza, larga cabellera rubia, figura esbelta y voz suave, deja entrever su fuerte carácter al elevar su voz en defensa de una de sus causas: Barcelona, la meritocracia y la igualdad de oportunidades para mujeres y hombres.

Me gusta el ejemplo de Anna Gener por otro motivo: ha demostrado que se puede luchar contra el síndrome de la amapola. Ella construyó con gran acierto su marca personal, ganando mucha visibilidad y, lejos de molestar, ha demostrado que atrae más beneficios que perjuicios. Ha abierto camino para que otros puedan hacerlo sin miedo a ser censurados ni señalados con el dedo. Es, asimismo, especialmente relevante que lo ha hecho sin renunciar a su feminidad.

Os contaré una anécdota que así lo demuestra. Para la promoción de un evento sobre liderazgo femenino se usó la foto de Anna, en la que alguien que no la conociera personalmente sólo vería una despampanante mujer rubia mirando a la cámara sin complejos. Vestía un traje de chaqueta gris con una falda que dejaba al descubierto sus estilizadas piernas. Una usuaria de Twitter acusó de machista a la organización por utilizar esa foto, sin saber que la foto era de Gener, que era una de las ponentes. Aquel hilo de Twitter fue al inicio un cúmulo de malentendidos. El comentario parecía que atacaba directamente a Gener, quien se defendió: «Si entre nosotras nos juzgamos por cómo vamos vestidas, no avanzaremos nunca». Muchos usuarios, fueran hombres o mujeres, que o bien conocían o bien seguían a Anna por su buen contenido y acertada gestión del networking digital (y también personal), salieron en su defensa. Lo que podía haber sido una crisis de reputación o una excusa para entrar a debatir sobre el machismo o el feminismo terminó siendo una conversación de lo más civilizada. La usuaria reconoció su error y se disculpó. Y lo que fue mejor:

se dio cuenta de que la comunidad, lejos de criticar a Anna Gener por aparecer posando en una foto, la respetaba y la defendía. Aquella confusión sirvió para mostrar que se están superando clichés como que las rubias sólo sirven de modelos o que una ejecutiva ha de ser masculina u ocultar su belleza con modestia para ganar respeto profesional. Que no hay que ser una flor del montón para que no te corten la cabeza. Que cuando sabes construir redes sobre la base del aprecio y de intereses comunes, al sobresalir, en lugar de palos, puedes recibir abrazos.

El otro ejemplo que quería comentar es el de Helena Torras, una emprendedora del ámbito tecnológico referente conectora en Barcelona. Helena, como muchas personas, durante una época estaba tan concentrada en su día a día que descuidaba su construcción de redes. Hasta que un día se percató de su error. Lo precioso de este ejemplo es que Torras se dedicó a ayudar a otras personas, especialmente a mujeres, a desarrollar su networking. Además de su frenética actividad como inversora de start-ups, emprendedora y mentora de empresas, dedica una parte muy importante de su tiempo a crear y fomentar grupos para que otras personas se conozcan. Me recuerda un poco a la famosa Heidi Roizen, todo un icono en San Francisco por el networking de gran valor que tejió entre emprendedores, inversores y empresas en la década de los noventa del siglo pasado. Torras ha participado en la creación e impulso de numerosas redes como el OneDream-Club, un círculo en el que cada integrante tiene que verbalizar un sueño concreto y el resto se compromete a ayudarle a alcanzarlo. O WeRock, un grupo de inversión de mujeres que aprenden del ecosistema emprendedor tecnológico mediante la inversión y el mentoring con un formato muy flexible. Lo más bonito es que ella abona el campo, lo prepara, junta a personas, incentiva encuentros y permite que pasen cosas sin tratar de ganar excesivo protagonismo. Hay personas que ahogan a los grupos y matan el networking por querer ser el centro, hacer que todo pase por ellas. Helena es todo lo contrario, porque sabe que las redes son como los buenos fuegos: hay que elegir bien los troncos, colocarlos de manera adecuada para que prendan, sin ahogarse, soplar con delicadeza para hacer prender la llama, ni demasiado fuerte ni demasiado leve. Ir ajustando suavemente para que dé calor y confort.

El peligro de las deudas no reconocidas

Rocío se sentía muy mal porque no notaba el aprecio de sus superiores. Creía que todos sus esfuerzos pasaban desapercibidos. Había perdido la motivación por un trabajo que siempre le había apasionado. Me pareció terrible. Y me di cuenta de dónde surgía toda la frustración. Ella daba creyendo que se cumpliría el principio de reciprocidad mientras los otros no sentían ninguna obligación de corresponder a esta obligación moral universal.

Algunos historiadores afirman que la «cadena de favores» instaurada entre nuestros antecesores de compartir comida y habilidades fue la causa definitiva para la evolución de la especie hasta nuestros días. La reciprocidad se basa en el equilibrio entre dar y recibir. Produce un sí automático a una petición cuando existe un sentimiento previo de deuda. Alienta el intercambio y la colaboración.

Cuando alguien incumple la ley de la reciprocidad se considera un acto de traición. Incluso se castiga con la expulsión del grupo y el ostracismo social. Tanto es así, que las personas que creen que no pueden devolver el favor se sienten incómodas o atacadas aceptando ayuda. Por ejemplo, los asiáticos suelen rechazar favores más frecuentemente que los norteamericanos, ya que su norma social de reciprocidad es mucho más estricta y no quieren, bajo ningún concepto, quedar obligados con personas con las que no quieren estarlo. La reciprocidad funciona mucho mejor en grupos pequeños que en grandes, dado que se puede reconocer más fácilmente quién hace el favor: es más común en pueblos que en ciudades, en pequeñas empresas que en corporaciones grandes. Lamentablemente a veces incluso se ha manipulado el brindar ayuda para generar una sensación de inferioridad con la que someter, porque ser fiel a la ley de la reciprocidad puede convertirse en una cadena al cuello.

Así funciona esta ley. Recibir y dar. Dar y recibir. El que recibe tiene la deuda de dar y, si no la cumple, está condenado al ostracismo social. Como el cielo y el infierno, el bien y el mal, el blanco y el negro. ¿Qué puede salir mal? Nada, ¿verdad? Salvo por un pequeño detalle: que la realidad es resultado de la interpretación subjetiva del individuo. A veces el que recibe no lo percibe como deuda y entonces no se siente obligado a dar. Mientras, el otro espera y espera hasta que un día, enfadadísimo, salta porque se siente traicionado.

¿Es un favor quedarse más rato en el trabajo? ¿Acompañar a la pareja a una reunión de antiguos alumnos de su escuela? ¿Renunciar a postularse a una posición y apoyar la candidatura de un colega? ¿Es un favor con derecho a contraprestación? ¿O un acto voluntario sin derecho a ella? Un día, después de muchas jornadas alargando las horas de trabajo sin rechistar, le pide a su superior salir antes y él le pone mala cara. Le pide a la pareja que le acompañe a un sitio y le dice que no; al no entender el porqué de la negativa, ésta le parece una traición. O el colega hace su equipo sin tener a esta persona en cuenta y no comprende el gesto de decepción. Es probable que en estos casos el superior, la pareja y el colega no consideraran que estuvieran en deuda, sino que sus actos previos eran parte de su trabajo y desde luego no sacrificios. Estos ejemplos pueden no ser los mejores, pero sirven para describir miles de situaciones en las que personas realizan esfuerzos que no son percibidos como favores, sino como gestos espontáneos propios de su responsabilidad, profesional o social, que no generan deuda ni derecho a contraprestación. Las mujeres especialmente están expuestas a esta malinterpretación por el «descuento de género», que considera que deben contribuir más al bienestar de la comunidad. Entonces surge un sentimiento de afrenta. De traición. De faltar a la sagrada ley de la reciprocidad.

Qué importante es aclarar si un acto es un favor con derecho a devolución o no. Poner en valor cada gesto, porque la reciprocidad se compensa con el aprecio. Y no dar por supuesto que el otro interpreta la situación como uno, porque quizá no lo está haciendo y no por maldad, sino simplemente por confusión.

Animé a Rocío a preguntar a su alrededor. A no dar las cosas por sentadas. A reivindicar sus acciones, a activar sus redes para conocer su percepción sobre ella. Me contó en este email el resultado:

Querida Arancha:

He aprendido a preguntar a los demás cómo era. Me he dado cuenta de que la marca personal es como el perfume, la esencia que dejas al pasar y, al final, la gente sabe y reconoce, te valora en el organigrama funcional. Me he percatado de cuán valiosa soy y, sobre todo, he ganado serenidad. He hecho contigo como mi ikigai profesional que me da fuerza e ilusión para continuar. He aprendido a resetear a diario, no acumular deudas que no van a ser pagadas nunca. A distinguir la responsabilidad de los sacrificios y que los otros también los distinguieran. Ver la importancia de alinear los valores que demanda la empresa con los que tú tienes y entender los porqués para brillar y fluir adecuadamente.
Y, sobre todo, he aprendido la importancia del networking. He entendido que trabajar tu red con los fáciles e inmediatos no

siempre es lo mejor, sino que hasta puede ir en tu contra. Que si dedicas tu tiempo en un 80 % a trabajar, pero los demás no lo saben, no puedes enfadarte. Ni cuando otros con el 20 % de su trabajo se posicionen mejor. Porque tú decides o, al menos, tienes que intentar decidir lo que haces con tu tiempo. Porque, al final, las consecuencias de tu decisión serán sólo tuyas.

Rocío

El entorno tratará de decidir por ti: sé un héroe

Un joven seminarista que estudiaba en Princeton se había inscrito voluntario en una actividad que tenía como objetivo aumentar la colaboración entre individuos. Como parte de la dinámica, debía prepararse la parábola del buen samaritano y dar una charla sobre ella a varias personas. En esta parábola, un judío es atacado durante un viaje por unos bandidos que lo abandonan medio moribundo en el camino. Un sacerdote y un levita (dedicado al servicio del templo), que hacen gala de su piedad, pasan a su lado sin socorrerle, mientras un samaritano (perteneciente a un colectivo considerado contrario a los judíos) le asiste. Mientras el seminarista repasaba el texto bíblico en un aula, uno de los coordinadores de la actividad irrumpió muy alterado en ella sobresaltándolo. Al parecer, un error en la hora de la convocatoria de la charla había provocado que los asistentes ya lo estuvieran esperando. Le instó a que se apresurara.

El seminarista se levantó con celeridad y, tras atender unas rápidas indicaciones sobre dónde había de dirigirse en el campus, partió sin demora. Al salir del edificio, casi se dio de bruces con un hombre que yacía en el suelo. Sudoroso y con visibles dificultades para respirar, tosía sonoramente mientras el joven pasaba a su lado. ¿Qué haría aquel joven seminarista? ¿Se pararía a socorrerle? ¿Seguiría su camino para no llegar tarde a una charla en lugar de atender a una persona que podría estar al borde de la muerte?

El muchacho no lo sabía, pero formaba parte de un experimento —que se recoge en un capítulo de un libro de J. M. Darley y C. D. Batson de 1973: «From Jerusalem to Jericho: A study of situational and dispositional variables in helping behavior», *Journal of Personality and Social Psychology*, 27(1): 100-108— con el objetivo de medir los sesgos que intervienen en el proceso de ayuda para averiguar qué pesa más en el comportamiento, las creencias o el entorno. Los profesores eligieron a seminaristas para su experimento, por considerarlos con mayor sensibilidad hacia la ayuda al prójimo que otros. Para que tuvieran muy presentes sus principios, les pidieron, además, que prepararan la parábola del buen samaritano. Como también querían medir cómo afectaría el grado de prisa a la voluntad de socorrer, crearon distintos escenarios:

- **Poca prisa:** el investigador entra en la sala y explica al seminarista que faltan algunos minutos para que lleguen los asistentes, sugiriéndole que comience a dirigirse al destino.
- **Algo de prisa:** el investigador le indica que, aunque el evento no ha empezado, algunos asistentes ya están allí y que es conveniente que salga.
- **Mucha prisa:** el investigador insta al seminarista a actuar velozmente, con instrucciones directas de «¡Se ha hecho tarde!, te esperaban hace unos minutos. ¡Corre!».

Aquellos investigadores acertaron en suponer que el grado de prisa cambiaba drásticamente el comportamiento de los estudiantes. Muchos jóvenes ayudaron, pero ¿cuántos de los que fueron exhortados con un «¡Corre!» se pararon? ¿Cuántos de los seminaristas priorizaron sus creencias por encima de la directriz de un tercero? La respuesta sorprende, y también preocupa. Sólo un 10 %.

Este experimento fue realizado en 1973, cuando no existían los móviles y las personas no estaban permanentemente conectadas, ni recibiendo continuos mensajes de «¡Ahora!», «¡Rápido!», «¡Contesta ya!». ¿Cuál sería ese porcentaje si se repitiera hoy? Probablemente es más difícil combatir el peso del entorno ante la multiplicación de urgencias que asaltan a las personas. **El tiempo en la actualidad ya no es sólo el recurso más escaso, sino también el más frágil.** Dejamos de lado un evento, un encuentro, una relación que se considera importante por algo cuya prioridad ha sido impuesta por un tercero. Nuestro tiempo es fácilmente robado por otros que, bajo la excusa de la urgencia, anulan la capacidad de decisión sobre lo que de verdad es importante. El objetivo de estos seminaristas no era dar una conferencia, a pesar de que podía ser un encargo importante para un tercero. Lo crítico y vital para ellos era la ayuda al prójimo, ser fieles a su vocación de servicio. Su esencia era mostrarse piadosos. Y fallaron en ser leales a sí mismos al anteponer una directriz de otro a sus principios.

Este experimento en Princeton fue ampliamente difundido y recuerda que nadie es inmune a presiones del entorno, ni siquiera los seminaristas. A las personas les gusta pensar que siempre serán coherentes entre lo que son y lo que hacen, y exigen que los demás lo sean. Es muy difícil sustraerse al peso del entorno. Vivimos asaltados constantemente por llamadas de atención y robatiempos que distraen y dispersan. Siempre hay algo que se cuela en la lista de prioridades y que pone en peligro lo que uno ha planificado. Muchas personas no hacen networking porque van de casa al trabajo y del trabajo a casa. Pero sin dedicar tiempo a la creación de redes es imposible encontrar en la comunidad la fuerza y la determinación para aprovechar las oportunidades de calidad. Hay que ser un héroe y rescatar a la persona que está a tu lado. Porque recuerda que un día, quizá, seas tú quien esté ahí tirado.

La recompensa de vencer la desconexión es ganar EQUILIBRIO, FUERZA y BIENESTAR

Estoy convencida de que eres un buen gestor de redes y que siempre has sido consciente de la importancia del networking. Que sabes que la punzada de timidez antes de romper el hielo es fruto de una inseguridad temporal y que se supera al descubrir que el otro también está interesado en colaborar. Que buscas tus audiencias afines entre tus aliados y los neutrales, ignorando a los que siempre, hagas lo que hagas, te criticarán. Que en tu lista de propósitos hay una estrategia de contactos con la proporción correcta de 80/20. Que sabes distinguir los actos de reciprocidad de los que son favores y no evitas la acumulación de deudas sin cobrar. Que priorizas con determinación sin dejar que otros minen tu criterio de qué corresponde a cada momento. Pero todavía falta algo más.

La construcción del networking requiere seguimiento para que pueda aportar todos sus beneficios. Continuidad. Organizar la información obtenida y recurrir a ella cuando se necesita. El freno de la desconexión no sólo ataca a la hora de priorizar acudir a un evento, una reunión o hacer una llamada. También te impide que aproveches las oportunidades de calidad una vez la relación está construida. Cuando la inercia del día a día vuelve a ser un peligro.

Fue de nuevo en Estados Unidos cuando me contaron, esta vez en Nueva York, un experimento muy interesante sobre el aprovechamiento de las oportunidades y la percepción de tener buena o mala suerte. En este experimento se pedía a los participantes que explicaran sus sueños. A continuación los animaban a que fueran a tomarse un refresco en una cafetería. Cuando estaban sentados tranquilamente con su consumición, una persona se sentaba a su lado. Era alguien que interpretaba el rol de quien podía hacer sus sueños realidad: un productor de Broadway si ese participante quería ser actor, un seleccionador si quería ser deportista de alta competición, el director de una agencia de publicidad para el que quería ser creativo… Seguro que ya estáis intuyendo el desenlace: las personas que creían que tenían buena suerte entablaban conversación y descubrían que tenían ante sí una gran oportunidad. Las que creían que tenían mala suerte se tomaban su refresco y se iban sin haber hablado con nadie.

Pero el experimento iba más allá. El supuesto benefactor daba una tarjeta con su nombre a los que habían conseguido entablar conversación y les pedía que le contactaran unas semanas más tarde. Los investigadores querían averiguar cuántos eran capaces de convertir la oportunidad en realidad. No tengo los datos exactos, pero al parecer no todos los que consiguieron la tarjeta de contacto llamaron. Un porcentaje muy alto de los errores del networking tienen que ver con el seguimiento posterior. Piensa en todo el esfuerzo realizado previamente: el convencimiento sobre su importancia, la selección de los contactos 80/20, la localización de las audiencias afines 30-40-30, el esfuerzo de ir, aproximarse con curiosidad, con vocación de colaborar, preparar un mensaje que conecte, conectar. Encontrar la afinidad y las sinergias. Todo ese esfuerzo y ese tiempo pueden perderse si no se les da continuidad. Si se crea un contacto valioso, que todavía puede ser débil y no se invierte tiempo y cariño en fortalecerlo.

Aquel estudiante de sociología me contó la historia de Nasr y se ofreció a enviarme su tesina. Yo acepté. Me la envió y la leí. Porque ese estudiante de sociología pertenece al 20 % de mis contactos clave al que dedico el 80 % de mi tiempo. Y su relato constituyó para mí una inspiración inestimable.

Ojalá no existieran las guerras. Pero lamentablemente no necesitamos conflictos armados para vivir traumas en las vicisitudes diarias. Colaborar provoca bienestar. Y cuando lo pierdes todo, la red es lo que te salvará de la desesperación y ayudará a superar la aflicción. Tanto si eres el que recibes como el que das.

La historia de Nasr Chamma es increíble, terrible, poderosa… y contiene algo más que la propia historia. Recoge la lección de que, más importante que tener red, es tener la capacidad para seguir creándola. Nasr Chamma hizo un gran descubrimiento social sobre el comportamiento de las redes gracias a su curiosidad y a sus conocimientos técnicos como arquitecto. Logró su doctorado y se unió a una asociación con fines sociales. Atendió a un simple estudiante. El arquitecto explicó su aprendizaje al estudiante —la historia de Nasr Chamma está recogida en el trabajo de final de grado de Joan Huerva Subirachs, «Competitividad y cooperación para la innovación social: análisis de encuadre» (2017)—, éste a mí y yo a otros. Colaborar nos ha hecho a cada uno de nosotros algo mejores. Nos ha hecho sentirnos bien. Pero saber cómo funciona algo no es lo mismo que saber hacerlo funcionar. La práctica afina el músculo y sólo haciéndolo una y otra vez lo lograrás.

Ahora, ¿tú qué harás?

¿Has tenido que superar el freno
de la desconexión para progresar?
A esta pregunta que te he planteado
al inicio del capítulo,
la respuesta de mujeres y hombres es:

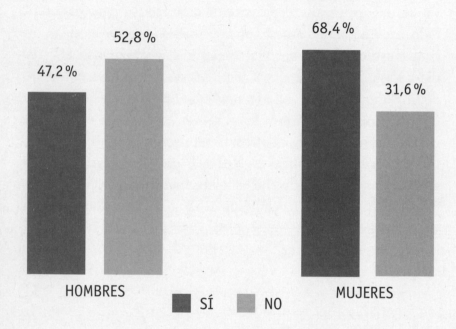

Desconexión
¿Tienes una relación de **amor-odio** con el networking?

SI DETECTAS ESTOS INDICIOS...		APLICA LAS 7 PALANCAS

✓ Dejas de hacer esfuerzos por relacionarte más allá de lo necesario

✓ Sientes sensación de suciedad al hacer networking

✓ Pierdes el control sobre tu tiempo

✓ Siempre achacas a la falta de tiempo el no hacer networking

1. Perspectiva
2. Ponderación
3. Capacidad
4. Aliados
5. Autoconfianza
6. Estatus
7. Acción

Proceso del networking

Debes practicarlo de continuo y hasta el final, si no el esfuerzo no habrá valido de nada

Recuerda que aporta bienestar → Selecciona contactos en proporción 80/20 → Encuentra a tus audiencias afines 30-40-30 → Aproxímate con curiosidad y con vocación de colaborar → Dedica el 80 % de tu tiempo al networking que funciona y el 20 % a explorar → Haz seguimiento de los contactos y evita que la relación caiga en el olvido

El networking aporta equilibrio y bienestar. La fuerza del individuo nace de su comunidad.

7 PALANCAS PARA VENCER LOS FRENOS

	PERSPECTIVA	PONDERACIÓN	CAPACIDAD	ALIADOS	AUTOCONFIANZA	ESTATUS	ACCIÓN
BENEFICIO	Descubrir tu posición relativa para saber si cuentas con la capacidad que necesitas.	Encontrar el equilibrio entre lo que tienes, lo que quieres, lo que puedes y lo que eres.	Asegurar capacidades y recursos adecuados.	Tener una red de apoyo que te fortalezca.	Mantener la determinación en momentos difíciles.	Ser tenido en cuenta.	Ser un héroe de tu momento y aprovechar la oportunidad cuando llega.
HERRAMIENTAS							
DESCONEXIÓN	Recuerda siempre que colaborar aporta bienestar. Diseña un plan de networking sobre la regla 80/20 (80 % de tu tiempo a lo que sabes que funciona y 20 % a explorar). Selecciona el 20 % de los contactos que te ayuden a alcanzar los objetivos propios y comunes.	Dale importancia al networking. La tiene. No dejes que las malas experiencias empañen las buenas.	Apóyate en técnicas y herramientas que te facilitan la vida.	Céntrate en audiencias que puedas ganar. Recuerda 30-40-30.	Sé auténtico.	Crea tu marca personal para que mucha gente se dé cuenta de que eres de su 80.	Ponlo en la agenda. Plantéate cada oportunidad de ver a alguien como la única. Haz seguimiento. No dejes que todo el esfuerzo previo se pierda.

6

La contención

(Quinto enemigo oculto en la inercia)

Responde a esta pregunta:

¿Has tenido que superar el freno de la contención
para progresar?

☐ Sí   ☐ No

Al final del capítulo descubrirás qué piensan al respecto
mujeres y hombres como tú.

El hechizo de la inercia

Con tus hijos redescubres historias que tenías olvidadas. Vuelves a ver *Los Goonies, La isla del tesoro, Momo, La historia interminable...* Vives de nuevo aventuras de duendes, perros policía y demonios. En una de esas tardes de sábado me reencontré con una película titulada *Stardust*. En ella, una preciosa joven era una estrella caída del cielo que huía de unas brujas que le querían arrancar el corazón para obtener la juventud eterna. ¡Qué cosas! En un momento de la trama, una de las brujas lanza a otra un hechizo que la hace incapaz de reconocer a la joven estrella. La condena a no verla, oírla, olerla ni sentirla. En un momento de la historia, la bruja se encuentra frente a frente con la joven y, para sorpresa del resto que sí pueden verla, es incapaz de percibirla. Le resulta completamente invisible. Por supuesto, la deja ir. Aun estando ante sus ojos y a su alcance, deja escapar una gran oportunidad al ser la única que no sabe que la tiene delante.

Es curioso cómo conectas el hilo de una historia fantástica con la realidad. Así me pasó con la historia de la estrella invisible y

Claudia. Esta profesional parecía bajo un hechizo que le impedía ver que podía salir de la situación en la que estaba. Una verdad obvia para muchos menos para ella. Te pondré en situación: Claudia era una profesional muy sólida. Con excelentes calificaciones en la carrera, fue fichada por uno de los más prestigiosos bufetes de abogados de origen inglés en España. Cuando tuvo su primer hijo, creyó que su ritmo de vida era incompatible con la maternidad y aceptó una oferta de uno de sus clientes, uno de los principales bancos del país, para incorporarse en su asesoría jurídica interna, en una unidad de reciente creación. Se aburrió soberanamente. Primero experimentó sorpresa, luego llegó la aceptación. Después la apatía. Todos sus intentos de introducir mejoras, evolucionar en su función, etc., eran ignorados por sus jefes. Para ella era muy frustrante que en aquella pequeña isla dentro de la inmensa corporación nadie hiciera ningún esfuerzo por hacer más. Vivía conteniendo su ilusión, su iniciativa. Sentía que estaba convirtiéndose en una planta de plástico, sin nada que aportar. Y si estaba viva, más bien era vegetando. O como un cactus, pinchando a diestro y siniestro en el trabajo y en casa, cuando estallaba por la frustración contenida.

Un día le dije algo que activó su clic: «El área donde estás en tu empresa está siendo para ti un matatalentos, pero puede haber otras donde puedas desarrollarte. Búscalas». Comprendió que su situación no tenía por qué ser algo general de toda la organización y que merecía la pena buscar otras áreas en las que participar más. E incluso otras empresas. Había juzgado la organización y al sector por una sola experiencia, pero lo que pasaba en su empresa, o su departamento, no tenía por qué extrapolarse a otras. Fiel a mi estilo práctico, la animé a concretar y seguir próximos pasos: «No puedes dejar de intentarlo. Si en tres meses no encuentras nada, te vas». ¡Incluso le abrí la posibilidad de que se pusiera por su cuenta! Claudia tenía otras alternativas, pero no las veía.

Ciertos investigadores describieron hace tiempo las cuatro reacciones que tiene una persona cuando se encuentra ante una situación que no la llena completamente. Entre ellos destaca Albert Hirschman, en cuyo libro del año 1970, *Exit, Voice, and Loyalty: Responses to Decline in Firms, Organizations and States*, se habla del modelo Exit-Voice-Loyalty-Neglect (EVLN), una plantilla que identifica las formas en que los empleados responden a la insatisfacción.

A continuación describiré —adaptándolas libremente— cada una de ellas y te animo a que reflexiones sobre en cuál de ellas te encuentras ahora:

- **Escapar:** renunciar al proyecto. Escapar es más fácil cuando se tiene libertad para hacerlo, con pocas ataduras familiares, flexibilidad y/o recursos económicos. Huir es bueno para la persona y cambia la situación, aunque no siempre beneficia al sistema, que pierde un valioso agente de cambio. Sólo hay un supuesto en el que la huida del individuo también beneficia al ecosistema: cuando no era su mejor elemento. Como cuando Lucía decidió no aceptar la oferta en derecho bancario y buscar una oportunidad en derecho penal.

- **Vegetar:** aceptar la situación y reducir el compromiso al mínimo, como si no fuera con ellos. Dejarse llevar. Trabajar lo justo para no ser despedido. Quedarse en el agua templada, en el falso positivo. Sirviendo palomitas o dejando que la otra persona se instale en tu casa *ad eternum*. La dejadez reduce las capacidades de defensa y reacción a largo plazo, adormeciendo la motivación para encontrar entornos más óptimos y luchar por un cambio que podría ser bueno para ambos. En este supuesto todos salen perdiendo: por un lado, la organización que tiene en un puesto a un profesional que no sabe valorar ni desarrollar; por el otro, el profesional pierde al no moverse a otro sitio donde crecer y ser mejor valorado, y al no poner foco en lo que de verdad le interesa, es más singular y extraordinario.

- **Sacrificarse:** la tercera reacción es irse al lado opuesto, aumentar al máximo su devoción y entrega. Esforzarse con ahínco y dedicación extrema: trabajar todavía más, con gran sacrificio. La lealtad beneficia a la organización y perjudica a la persona. Aunque ya no esté motivada ni feliz, seguirá el camino convencional y contribuirá a mantener el *statu quo*. Paradójicamente se ha descubierto que las personas que sufren más en una situación son las que menos tienden a cambiarla o cuestionarla, como por ejemplo aquellos que están en una posición de mando intermedio. Parece que justificar el sistema es un antidolor emocional, como decirse a uno mismo que si el mundo es así, no se ha de sentir a disgusto con la vida. También se cree que se tienen menos posibilidades y recursos para cambiarla. Como Vanessa, que no creía que era suficientemente grande para pensar en grande y daba el máximo de sí misma, a costa de su salud y equilibrio personal.

- **Pedir:** es exponer ideas, comunicar propuestas de cambio, intervenir. Levantar la mano. Dar un paso adelante. Asumir un nuevo reto, reclamar una mejora, dar la opinión para enriquecer una situación o proyecto. Es la acción a la que nos hemos estado refiriendo durante todo el libro. La acción definitiva que te saca de la inseguridad, del sitio equivocado, de la falta de foco y del aislamiento. Pedir es mucho más que comunicar, es concretar en qué se puede colaborar.

Escapar, vegetar y sacrificarse son reacciones que ayudan a la persona a evitar la frustración, al cambiar de espacio, desvincularse o reinterpretar la realidad. Pero también eliminan su contrario: la pasión. Los opuestos se necesitan y conviven juntos: menos es más, vivir es morir, odiar es amar. Pedir puede ser frustrante y doloroso, pero ayuda a vincularse emocionalmente al proyecto, a distinguir lo que de verdad se quiere. Te saca de la zona de confort. Hace que te sientas realmente vivo. Te hace vibrar.

4 **reacciones** de la persona ante una situación que **no llena**

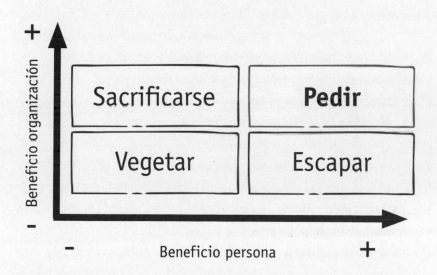

Gráfico publicado originalmente en *Originales* de Adam Grant y adaptado por Arancha Ruiz.

1. **Escapar:** salir de la situación. Beneficia a la persona, perjudica a la organización.
2. **Vegetar:** aceptar la situación reduciendo el compromiso. Perjudica a la persona y a la organización.
3. **Sacrificarse:** crecerse ante la adversidad aumentando el esfuerzo. Perjudica a la persona, beneficia a la organización.
4. **Pedir:** mejorar activamente la situación. Beneficia a la persona y a la organización.

Activando el clic que vence la contención

Contenerse es lo contrario de pedir. No aprovechar la oportunidad de calidad. En la contención se materializan todos los demás frenos:

- No pide quien se siente inseguro.
- No pide quien se siente desubicado.
- No pide quien se dispersa.
- No pide quien carece de aliados.

Aun así, la contención no siempre es mala. Lo descrito en capítulos anteriores nos ha enseñado que los frenos suelen ser a menudo indicios de carencias o situaciones mal resueltas. Es un gran error pedir sin ton ni son, sin tener la capacidad para abordar y/o responsabilizarse de lo que se está pidiendo, sin contar con los apoyos necesarios o estando en el sitio equivocado. Al evaluar qué hacer, si contenerse o actuar, millones de neuronas del cerebro computan probabilidades de supervivencia (así se expone en la página 26 del libro de Yuval Noah Harari *21 lecciones para el siglo XXI*).

Cruzan datos testando la viabilidad de las alternativas, ponderando el porcentaje de éxito frente al fracaso, los beneficios de hacer o no hacer, y también el impacto de los perjuicios que se están vislumbrando. Estos frenos pueden ser cinturones de seguridad en lugar de limitadores profesionales. El sentido crítico y cuestionarse el porqué de cada freno serán, sin duda, los mejores aliados del talento.

Si te has fijado en el gráfico del inicio del capítulo, muchos, prácticamente la mitad de los casi cien profesionales que respondieron la encuesta, nunca han creído que estuvieran conteniéndose innecesariamente. ¡Qué buena noticia! A no ser que en realidad un sesgo los esté engañando, impidiéndoles ver una oportunidad que estaban perdiendo por no actuar. Porque las oportunidades pocas veces son como puertas brillantes señaladas con flechas de neón. Ojalá lo fueran, pero no. En muchas ocasiones sólo se convierten en puntos de inflexión cuando se actúa sobre ellas.

¿Recuerdas a Daniel, el ingeniero de energía? El aletear de unas alas de mariposa —el efecto mariposa— en Indonesia puso patas arriba su vida parando en seco la que había sido su estimulante actividad profesional durante veinte años. ¿Y Lucía? Aceptar aquella oferta como abogada en derecho bancario no parecía una mala alternativa. ¿Qué podía hacer Ana, la especialista en filmografía? Llenar paquetes de palomitas parecía la única alternativa para estar, aunque fuera sólo físicamente, cerca de la proyección cinematográfica. ¿Y Paula, la de la huésped indeseada? Esperar pacientemente a que aquella persona se fuera de su casa y acabara con aquella absurda situación la había ido hundiendo cada vez más en ella. ¿Qué habría pasado si Vanessa, la wedding planner, hubiera seguido supervisando todas y cada una de las tareas de su empresa?

Hemos compartido juntos decenas de historias en este libro que podrían no haber surgido nunca o no haber tenido la importancia que tuvieron. Que podrían no haber sido puntos de inflexión. Pero lo fueron. Porque sus protagonistas se convirtieron en héroes de su momento. Personas que intuían que había algo que no percibían y, al buscarlo, encontraban información y aliados que los ayudaban a ver la estrella que estaba ante sus ojos. Todos ellos vencerían el terrible hechizo de la inercia. Y lo harían preparándose, encontrando su camino, poniendo foco y ganando aliados. Actuando. Activando su clic interno. Daniel, el ingeniero de energía, adquiriría un nuevo punto de vista para conocerse mejor a sí mismo y descubrir que había un campo que le interesaba igual de divertido y estimulante sin tener que trabajar a miles de kilómetros de su familia. El clic de Lucía la animó a perseverar en la búsqueda de la disciplina que quería. Ana aceptó temporalmente un trabajo que no le gustaba pero su clic interior la empujaba a no abandonar, a seguir formándose y demostrar, cuando se dio la oportunidad, que tenía un profundo y valioso conocimiento. A Vanessa el clic la hizo pedir ayuda, contratar equipo y delegar. El clic de David lo ayudó a construir red externa y ahora, que ya ha vuelto a una posición de poder corporativa, sigue practicándolo y animando a otros a hacerlo.

Una oportunidad, salvo que estés viendo una película y puedas decir que la estrella es una actriz muy bonita, es algo etéreo, difuso. Pedir genera un punto de inflexión, aunque sea pequeño, que permite ver si es o no una oportunidad idónea. Establecer objetivos en un mundo tan cambiante es complejo y normalmente frustrante. Si no haces cosas, es imposible que pasen cosas. Te contaré otro ejemplo. Cuando le pregunté a Sonia Mulero, directora de la Fundación del Banco Sabadell si alguna vez le habían dado algún consejo que hubiera activado su clic, ella me dijo que sí. «Gracias a ti tengo el trabajo que tengo.» Y me explicó cómo sucedió: «Cuando conocí a mi actual jefe, el presidente de la Fundación del Banco Sabadell, éste me comentó que necesitaba una mano derecha. Me acordé de tu consejo: "El no ya lo tienes, lánzate a por el sí". Así que le planteé: "¿Por qué no yo?". Y aquí estoy».

Por eso la reacción más beneficiosa para todos, persona y organización, ante una situación imperfecta es la de pedir. Pedir allana el camino. Activa palancas. Al formular en palabras los deseos es más fácil conseguir aliados. Seguir creciendo. Pedir provoca una colaboración que evita sacrificarse innecesariamente o vegetar. Hay veces que los frenos te avisan de que algo no es perfecto. Al actuar puede que te equivoques y que el resultado no sea el mejor, pero al intentarlo seguro que dejas de sentirte como una planta de plástico.

Antes de pedir, construye marca personal

Adquirir perspectiva y ponderar te ayudarán a medir y sopesar las capacidades y el nivel de control sobre la situación a la que te enfrentes. La visión sobre el objetivo y sus beneficios alentarán tu autoconfianza y motivarán tu perseverancia. Una buena red de aliados mejorará las posibilidades de ser escuchado y alcanzar el resultado. Y aquí me paro. Porque sin el tercer punto da igual que se cumplan el segundo y el primero. Créeme, si pides sin estatus, es probable que no tengas el éxito esperado.

El humano vive en sociedad y las organizaciones son comunidades. Está muy manido el lema de «si quieres ir rápido ve solo, si quieres llegar lejos ve acompañado», pero no por eso deja de ser cierto. Incluso yendo rápido solo, al final se llega a un nuevo destino donde se necesitará aprovisionamiento, alojamiento. Y también cariño. ¿Acaso existe la posibilidad de alcanzar alguna meta solo? ¿Felicidad? Francamente, no. Para eso tendrías que irte a una isla desierta y creo que ya no quedan. Pedir implica una persona o conjunto de personas al otro lado, y su actitud de escucha será clave para que la petición sea un éxito o un fracaso. Las personas que piden sin el estatus para hacerlo, sin que los demás comprendan la pertinencia de su petición, son vistas como personas imprudentes, conflictivas y/o egoístas.

Si te has fijado, en todas las estrategias propuestas para vencer los frenos una de las palancas era «estatus», es decir, poseer una posición aceptada por los otros que le dé autoridad (formal o informal) para hablar. Este concepto está íntimamente relacionado con el prestigio, la pública estima de alguien fruto de su mérito y, por ende, con la reputación, que es la opinión o consideración que se tiene de alguien.

Me vas a permitir que, como especialista en marca personal, subraye la relación que existe entre estatus y marca personal, entendida como la imagen y la percepción del talento de una persona por sus audiencias clave.

La marca personal proyecta una imagen positiva que ayudará a pedir. ¿Recuerdas a Silvia, la que fue despedida sólo tres meses después de su homenaje? No contó con las alianzas internas en la empresa que necesitaba, pero sí tenía marca personal con las externas, que fueron clave para su recuperación emocional y para encontrar un nuevo proyecto. Esther Paniagua, la reconocida periodista de divulgación científica, pudo dejar su empleo fijo porque tenía una marca personal que le permitía trabajar por proyectos. ¿Y Miguel? ¿Aquel que había abandonado el mundo corporativo para diseñar su trabajo a su medida, un autoempleo con el que disfrutaba para no renunciar a su libertad para explorar? Pudo negociar unas condiciones de trabajo flexibles gracias a una gran marca personal que le precedía. Su buena reputación dio confianza a la compañía y aceptaron, con tal de tenerlo, el experimento de ceder parte de la jornada laboral para su aprendizaje disperso. La marca personal sirve para generar una confianza en los demás sobre la capacidad, la idoneidad, el foco y las alianzas de esa persona y que su petición sea percibida como pertinente, imprescindible y beneficiosa para todos.

Te contaré una curiosidad. Al preguntar a muchos profesionales exitosos qué estrategias han usado para superar sus cinco frenos, la marca personal sólo apareció en «inseguridad» y «contención», es decir, para el primero y el quinto de ellos. La mayoría de los profesionales perciben el valor positivo de la marca personal cuando está. En cambio, no se dan cuenta del efecto de su ausencia: la falta de estatus acentúa la desubicación, la dispersión y la desconexión. Alguien sin marca personal que no encuentra su sitio puede acudir a aliados que le perjudiquen porque prefieran agradar a otros. Como Cristina, cuyos intereses en el campo de los recursos humanos parecieron poco en comparación con una carrera en el ámbito financiero. ¿Qué habría pasado si el prestigio de esa función hubiera sido mayor? ¿Si ya hubiera construido una marca personal en ese sentido? La dispersión puede ser aumentada por robatiempos de terceras personas que consideran que su tiempo y sus prioridades son más importantes. Como le sucedió, por ejemplo, a Enrique, aquel que fue invitado a un evento con una promesa que luego rompieron sin pudor, dejándolo atado a una cena que no le aportaba valor. ¿Se hubieran atrevido a hacerle ese feo de haber sido una celebridad? De sentir Enrique que su tiempo era más importante, le hubiera costado tanto romper el compromiso no deseado? En la construcción del networking, la marca personal es de gran ayuda. Cuando Rocío, aquella que sentía poca reciprocidad y aprecio por su labor, trabajó la construcción de su marca personal se dio cuenta de que la gente sabía de su valía y se lo reconocían. Aumentó su motivación en el trabajo, así como la ilusión y naturalidad en el desarrollo de su networking. La marca personal también actúa como un potenciador del atractivo, haciendo más fácil atraer a las audiencias clave. Cuando David, el ejecutivo nadador de amplia sonrisa, comenzó a tejer su red externa, que había sido totalmente inexistente, su reputación y marca personal corporativa le sirvieron como una extraordinaria tarjeta de visita.

Las organizaciones que limitan la marca personal de sus profesionales ponen trabas a la colaboración, ya que reducen las posibilidades de que propuestas valiosas sean oídas. Generan malestar y mal ambiente. Una persona que no es escuchada ni respetada puede, en un intento de asentar su autoridad, reaccionar con comportamientos irrespetuosos y reaccionarios. Puede mover a una persona del cuadrante de pedir al de sacrificarse o, incluso, al de vegetar, aunque no fuera su intención en un inicio. ¿Recuerdas a Carmen?, ¿aquella mujer que odiaba el conflicto? El entorno corporativo en el que había trabajado carecía de cauces asertivos para defender su punto de vista sin enfrentamientos. Al final había terminado por evitar cualquier tipo de posición directiva, sin entrar a valorar ni siquiera si replicaría ese patrón de conflicto o no. Una gran pérdida, ya que era una extraordinaria especialista en su tema. Carmen, además, carecía de marca personal. Pocos comprendían su comportamiento y parte de su talento permanecía oculto. Se contenía. No pedía y sentía un gran malestar. Se entregaba con gran sacrificio. O huía.

Mencioné antes que el hecho de que en el caso de Cristina considerase de menor prestigio recursos humanos que finanzas influyó la recomendación de carrera que le hicieron. Relacionado con esto, no puedo resistirme a contar una anécdota. En un evento conocí a una persona. Con gran cortesía, nos preguntamos a qué nos dedicábamos. Yo respondí primero: «Al talento». La otra persona replicó, no sin cierto aire de superioridad: «Ah, estás en el vertical de recursos humanos. Mi área es mucho más trasversal, me dedico a la transformación digital». Yo no me dejé achantar y le contesté, confieso que con cierta sorna: «¡Vaya, y yo que pensaba que las personas y el talento estaban en todos los niveles de la organización!». Mi respuesta, expresada con humor, ayudó a posicionarnos al mismo nivel. La otra persona reaccionó positivamente y entablamos una conversación muy interesante para ambos, que sentó las bases de la excelente amistad que tenemos hoy. De vez en cuando nos reímos de aquella salida, tanto suya como mía, y de la buena reacción de ambos. Su comentario no había sido malintencionado, sólo había estado bajo el influjo de un sesgo negativo de que el área de personas y recursos humanos no es tan importante como otras.

Los sesgos negativos o positivos sobre una disciplina, profesión, gremio, nacionalidad, etnia o género contagian a todos los sujetos que pertenecen a ese grupo e influyen en la percepción sobre su estatus. Existe una viñeta ya antigua —«That's an excellent suggestion, Mss Triggs», de Riana Duncan (*Punch*, 8 de septiembre de 1988)— que, con fino humor, describe la siguiente situación: en torno a una mesa de reuniones hay sentados varios hombres y una única mujer. El jefe recoge la sugerencia de la mujer, aplaudiendo la calidad de su idea y sugiere a cualquiera de los hombres de la sala que, por favor, la repita para poder tenerla en cuenta.

Me consta que muchas mujeres han dejado de hacer sugerencias, de pedir, por no sentirse escuchadas. O porque han creído que serán castigadas. Y con toda razón. Los sesgos de estereotipo de género han creado una imagen de que los hombres son asertivos y las mujeres, comunitarias. Si una mujer habla, pide, corre el riesgo, como muy bien expone Adam Grant en el libro ya citado *Originales*, de que sus audiencias la juzguen como agresiva, como demuestran algunos estudios de los que sólo aportaré algunos titulares: en un banco, las propuestas generadas por hombres fueron recibidas mejor que las hechas por mujeres. Otro: se premia más una mayor participación de hombres ejecutivos que de mujeres ejecutivas, que resultan más que premiadas, devaluadas —por hombres y mujeres por igual—. Más: cuando una mujer sugiere alguna mejora, sus superiores la juzgan como menos leal que si lo hace un hombre y muestran menos interés por implementar sus propuestas, especialmente en organizaciones dominadas por hombres. Las mujeres creemos que nos contenemos en muchas ocasiones porque no «sabemos» pedir, lo cual es parcialmente cierto. Pero existe una razón más: sabemos que tenemos menos probabilidades de sobrevivir al pedir, porque nuestro estatus durante mucho tiempo ha sido inferior al de los hombres en una organización o comunidad.

Los sesgos también afectan a los hombres, y no sólo a los que pertenecen a etnias minoritarias. Recuerdo en una ocasión la anécdota que me contó un profesional. Había sido enviado a Londres por un proyecto de su empresa, siendo designado a una división liderada por ingleses, con una mayoría de miembros de esta nacionalidad, seguida de algún que otro alemán y una representación francesa. Junto a él también había un portugués. El liderazgo de todas las reuniones y el proyecto lo asumían los británicos, que se mostraban corteses con los franceses y los alemanes. Los españoles y portugueses eran ninguneados. Recibían un trato condescendiente y nunca eran invitados a las reuniones privadas afterwork.

La marca personal ayuda a poner en valor al profesional. También a romper sesgos. Sesgos negativos sobre una disciplina, profesión, gremio, nacionalidad, etnia o género. Porque cuando una persona hace visible sus capacidades, conecta emocionalmente con otras y proporciona bienestar por medio de la colaboración, contribuye a minimizar el prejuicio sobre ella y su colectivo. La marca personal incrementa el estatus. Da seguridad. Aumenta la autoconfianza. Si uno cree que, haga lo que haga, no podrá cambiar las cosas, si escucha una y otra vez «esto es lo que hay», la probabilidad de que elija cualquier opción antes que alzar su mano y actuar es tremendamente alta, como también defiende Grant en *Originales*. No obstante, si se tiene la convicción de que se va a poder hacer algo, que será escuchado porque posee un estatus consolidado gracias a su marca personal, las probabilidades de pedir crecen y también las de tener éxito en su petición.

Dudar es humano. Dudar es necesario. Abraham Lincoln, considerado el mejor de todos los presidentes de Estados Unidos de América, tardó más de seis meses en decidir si liberar a los esclavos. Le preocupaba que la decisión le hiciera perder el apoyo de los estados del Norte. Hemos conocido la historia de muchos héroes que también dudaron: Daniel, Lucía, Isabel, Miguel... El momento no era perfecto, pero si no lo hacían entonces, ya nunca lo harían. Las personas que eligen actuar para cambiar las cosas no son distintas al resto. Tienen los mismos miedos y las mismas dudas que cualquiera. Lo que los diferencia es que, a pesar de eso, lo hacen, porque en lo más profundo de su corazón saben que no hacerlo es peor que fallar intentándolo, como afirma Adam Grant en su libro.

La sociedad es imperfecta. Los estados, la economía, las organizaciones y las empresas. Las personas son imperfectas. La familia, los amigos, los colegas de trabajo. Los hombres y las mujeres son imperfectos. Y uno mismo. Nada ni nadie es perfecto. Pero siempre queda la ilusión por tratar de mejorarlo. Ése es el deseo del héroe, de la persona que supera dudas y miedos y actúa cuando merece la pena porque el bien de hacerlo es mayor que el de quedarse de brazos cruzados. El deseo que activa el clic que despierta al héroe.

Pedir requiere técnica y práctica

Pedir es dar. Dar es pedir. Muchas veces la persona cree, o le hacen creer, que al no pedir contribuye más al grupo que pidiendo. Pero eso no es así, porque si uno no cuenta con recursos, se redu-

ce su capacidad para dar. **La persona que no pide porque no tie-**
ne el estatus pierde la ocasión de hacerse con el estatus porque
no pide. Cada día que la persona no concreta sus peticiones, la
brecha se amplía y, mientras se reserva para lo más grande, se hace
cada vez más inalcanzable.

Pedir requiere el esfuerzo de concretar. Decirle al jefe que se
quiere ir a esa reunión con el cliente. Pedir una subida de salario
porque se gana menos que el de al lado. Ofrecerse voluntario para
aparecer en la revista del sector representando a la organización.
Apuntarse a la oferta interna de la empresa. Pedir la participación
en un proyecto. Organizarse por turnos con la pareja en casa y
que los niños aprendan lo que significa la igualdad con el ejemplo. Sin verbalizar la petición es imposible lograrla.

Concretar no es fácil si se ha perdido la práctica. Hay muchos
libros y materiales que enseñan a pedir y a argumentar, desde los
textos clásicos de Cicerón hasta el primer libro de autoayuda, *Cómo*
ganar amigos e influir sobre las personas, de Darle Carnegie; el agudo
Vender es humano, de Daniel Pink; el útil *La asertividad*, de Olga
Castanyer, y el ameno *El arte de pedir*, de Silvia Bueso, por nom-
brar algunos. También recomiendo *Ask for it: how women can use*
the power of negotiation to get what they really want, de Linda Bab-
cock. Además de técnicas de negociación y venta, en el campo de
la comunicación puedes encontrar numerosos recursos adicionales. Entre los muchos que existen, para la creación del mensaje con gancho, personalmente aplico las recomendaciones reco-
gidas en *Ideas que pegan*, de Dan y Chip Health, donde recuerdan
que los mensajes han de ser sencillos, concretos, creíbles, emocio-
nales e inesperados. O las advertencias de Manuel Campo Vidal
sobre los siete pecados de la comunicación: improvisar, la falta de
escucha, el descontrol del tiempo, la arrogancia, no saber empezar ni acabar, no cuidar la comunicación no verbal y, por último,
no gestionar las emociones que quieres transmitir.

La asertividad es una buena aliada para aprender a pedir. Ayuda a mantener un buen equilibrio, no ver la discusión en términos de perder o ganar, sino como una capacidad para llegar a un acuerdo. Algunas recomendaciones más:

1. **Preparar antes, durante y después:** controlar la sensación de miedo y convertirla en curiosidad; cambiar tensión por interés. No poder todas las expectativas en una sola petición. No mantener posturas radicales, sino buscar acuerdo.

2. **Acentuar los beneficios de la idea e incorporar sus debilidades:** presentar desventajas aumenta la confianza de los que escuchan. Explicar que no hay un mero interés individual, sino en un beneficio para todos (p. 67 de *Originales*).

3. **Foco en la petición, verbalizarla:** creer que la lista es demasiado larga no es excusa para no concretar.

4. **Apoyarte en aliados:** conseguir el apoyo de alguien que cree en ti.

5. **Ubicarse en el peor escenario:** da más miedo lo desconocido que algo certero que sea muy negativo. Concretar los riesgos para desarrollar un mayor control de la situación al definir las soluciones que serán necesarias para afrontarlos (p. 118 de *Originales*).

Os contaré un caso más para insistir en que ubicarse en el peor escenario es clave. Da más miedo lo desconocido que algo certero aunque sea muy negativo. Fue de gran ayuda para Sandra, a la que le había llegado el rumor de que en la próxima reunión «ya estaba todo cocinado». Y lo que es peor, que los ganadores iban a castigar a los que habían osado poner en entredicho su autoridad. La cabeza de Sandra sería la primera en rodar. Preveía una gran tensión. Dudaba si merecía la pena rebatir y enfrentarse a unos oponentes que tenían todo el poder y se sentían invencibles.

—Aceptar sus condiciones es peor que rebatirlas —le dije—. Ponte en la situación más pesimista y escribe en este papel las posibilidades más tremebundas que se te ocurran. ¿Es peor que lo que ya tienes?

—No —respondió—, pero a pesar de ello no sé si seré capaz de mantener la sangre fría ante tanta presión, me dan ganas de decirles que me voy.

—Si en lugar de sucederte a ti esta situación la estuviera viviendo tu hijo Pablo, ¿qué le recomendarías? —le pregunté.

—Que no abandonara, por supuesto —contestó.

—¿Y si fuera tu hija Clara? —pregunté otra vez.

—Tampoco —afirmó.

—¿Cómo les explicarás que lo que es bueno para ellos no lo es para ti? —le planteé—. Tus enemigos querrán abochornarte en público para que cedas. Se aprovecharán de la peor gestión de nuestro género ante el conflicto, de la existencia de otros intereses que nos llenan más que el poder, intentarán tocar todos los resortes psicológicos a su alcance para vencerte. Pero sabes que no es justo. Si abandonar no sería justo para tus hijos, si en caso de que fueran ellos, los animarías a defender lo que es equitativo, deberías enseñarles con tu ejemplo.

La animé a que creara un «dique emocional» para sobrellevar la situación de tensión.

—Cuando estés en ese momento de gran conflicto, no pienses en ti. Piensa en tus hijos, como si estuvieran sentados en la misma sala, observándote. Les has enseñado desde que son pequeños que tienen que contribuir a un mundo más justo, diverso y solidario. Que crear ese mundo mejor tiene que ver con hacer lo correcto en cada ocasión, aunque a veces cueste. ¿Cómo pretendes que aprendan si dices una cosa y luego haces otra?

Sandra superó con éxito aquella reunión. Tiempo más tarde coincidí con otro ejecutivo de la misma empresa que me explicó admirado su gran actuación. Cómo había esquivado con elegancia los terribles embates y usado su dialéctica con gran eficacia, manteniendo la calma a pesar de la extrema tensión del ambiente. Describió su mirada audaz y su rostro firme en la que fue, según él, «una de las actuaciones más valientes, admirables e inspiradoras que había visto en su vida». Narró cómo Sandra, en un momento cumbre de la discusión, miró de soslayo a una esquina de la sala donde había dos sillas vacías y, después de una profunda inspiración, dio el argumento definitivo con el que ganó la discusión.

Además de visualizar el peor escenario, un «dique emocional» ayuda a superar el estrés del conflicto o la tentación de ceder ante la necesidad de agradar. Para Sandra fueron sus hijos, porque educarlos con su ejemplo era prioritario para ella. Para otras personas «el dique» puede ser proteger una gran idea, un equipo e incluso los principios y la ética. Parece que ayudarse a sí mismo para ayudar a los otros es una contradicción, pero no lo es: para hacer el bien ajeno, uno debe pensar además en su bien (esta idea también la expone Grant en *Originales*).

Te recomiendo que te hagas con la técnica que mejor te sirva según el caso. Imita al que es muy bueno. Realiza un curso de ventas avanzadas. Asiste a una charla o escucha un cuento. Aprende a pedir lo que necesitas y luego repite. Repite, repite, repite. En comunicación, es la regla más importante. Recuerdo la anécdota que explicaba Tony Blair en sus *Memorias*. Al principio de su legislatura se sentía abrumado por el peso de la responsabilidad. Había logrado hacerse con el poder después de largos años de liderazgo conservador. Ese nuevo joven primer ministro quería cambiar muchas cosas, mover a muchas personas. Convencer. Al coincidir con Bill Clinton en una cumbre le pidió consejo. Éste se lo dio: «Repite tu mensaje. Explícalo una, dos, tres, cuatro y hasta diez veces. Repítelo treinta, cincuenta, cien veces. Repítelo por la

216 | AHORA O NUNCA

mañana, al mediodía, por la tarde y por la noche. En lunes, martes, miércoles, jueves, viernes, sábado y hasta los domingos. Repítelo hasta cuando consideres que es demasiado. Y todavía entonces no habrá sido suficiente».

Pide en cada ocasión. Alimenta «el efecto Mateo»

Blanca trató de impulsar internamente en su empresa un programa de diversidad para jóvenes. Dedicó varios fines de semana a trabajar sobre ello para crear un plan sólido, coherente, bien trazado. Lo presentó en la central, donde fue aplaudido y le dijeron que debería darlo a conocer a nivel europeo. Viajó hasta una capital de Europa y frente a un panel de muchos hombres y algunas mujeres presentó su plan. La felicitaron y volvió muy contenta, llevando las notas que había usado durante su exposición en una carpeta que dejó al llegar sobre su mesa. Pasaron algunas semanas y otros temas —otras carpetas— se fueron amontonando encima, de modo que la carpeta donde guardaba las notas sobre el programa de diversidad se quedó enterrada en una pila. Un día, poniendo orden, la guardó en un cajón de su escritorio y allí se quedó.

De vez en cuando, Blanca preguntaba cómo iba aquella iniciativa, si se llevaría a cabo el plan para impulsar el talento de las jóvenes de su compañía. Le contestaban que sí, pero que querían hacerlo a todos los niveles y estaban esperando el momento adecuado. Presentaron los planes para el año próximo y su propuesta se quedó fuera. Le decían que era demasiado importante para tratarla a la ligera.

Blanca perdió toda esperanza de que aquello llegara a nada. Entonces un día la animé a enfocarlo desde otro ángulo. ¿Por qué en lugar de cambiar todo el universo de su organización no trataba de arreglar su mundo? ¿Por qué en lugar de Europa, su país, su ciudad, su oficina, su equipo no comenzaba por su equipo, para luego seguir con su oficina, su ciudad, su país y, finalmente, Europa? Y así lo hizo. Creando un círculo protector desde la realidad más inmediata. Con pequeños pasos. Me contaba: «Una cosa que recuerdo siempre y he intentado aplicar es el hablar bien y promocionar a las jóvenes y también a otras mujeres, darles viabilidad y crear una red de ayudas una a una. Lo he aplicado profesionalmente en mi día a día, incluso en temas personales, y va muy bien».

Se suele ceder o contenerse en cosas que se consideran pequeñas, creyendo que es mejor reservar la petición para causas importantes. Quizá las cosas pequeñas son menos importantes que las grandes, pero cuando se acumulan, la suma de todas ellas hace una pérdida inmensa. El camino se hace paso a paso y paso a paso se ganan herramientas para recorrerlo mejor.

Desarrollaré esta idea con el siguiente relato:

Imagina a una persona que participa en un concurso que consiste en construir un barco y hacer una regata (es sólo un ejemplo, aunque hoy en día hay unos concursos tan pintorescos que quién sabe si podría ser cierto…). A esta participante se le ha ocurrido añadir algunas mejoras al diseño de la embarcación, pero al escuchar críticas decide eliminarlas y crear un barco como los demás. Pide a una compañera una herramienta que necesita para perfeccionar el timón y ésta le dice que no. En lugar de insistir o buscar una alternativa, utiliza sus utensilios. Son suficientes, pero le impiden llevar a cabo la mejora que le gustaría. Algunos de los participantes hacen una pausa y le invitan a tomar un bocadillo. Rehúsa porque le queda mucho por hacer. A solas y con hambre, se consuela creyendo que sufrir penurias y limitaciones forma parte del juego. Se apuntó para ganar el trofeo, algo que anhela y que desea dedicar a sus seres queridos. Piensa en ellos mientras trabaja afanosamente entrelazando troncos con cuerdas. Pero aquello ya no le parece divertido.

La sirena avisa a los participantes de que ha llegado el momento de hacerse a la mar. Empuja con todas sus fuerzas su barco. Le cuesta mucho hacerlo sin ayuda. Mira de reojo cómo los concursantes que se fueron a comer un bocadillo juntos se ayudan mutuamente. Logra con mucho esfuerzo ponerlo en el agua, donde se desliza ágilmente. Tiene una gran experiencia como navegante. Nota que el timón no acaba de funcionar como le gustaría e invierte mucha energía tratando de virar. Siente el cansancio y el hambre. El desgaste. Oye las risas de otros participantes y se gira a mirar: un concursante ha hecho una embarcación de diseño muy original y se ha ganado el aprecio de todo el público. Siente un punto de envidia. Hace una regata correcta, pero no gana el trofeo. Tampoco ha disfrutado mucho.

Esta descripción explica perfectamente la situación de muchas personas en un contexto profesional. A menudo los profesionales callan propuestas por pensar que serán criticados. No contrastan opiniones con terceros ni ponderan la veracidad de la información que poseen. No insisten para tener las mejores herramientas o no invierten tiempo en la generación de alianzas. Se posponen, se abandonan a la inercia porque creen que tampoco es tan importante. Pero sí lo es, porque esa oportunidad sólo pasará esa vez. Esa única vez. Al no aprovecharla, la persona perderá una ocasión para afianzar su posición, y luego otra, y otra, y así sucesivamente. La suma de muchas oportunidades perdidas hará que sus opciones profesionales se aboquen hacia la mediocridad. Y, lo que es peor, la degradación de recursos le impedirá disfrutar de la regata.

La persona que pide lo que se necesita adquiere recursos para seguir pidiendo. La persona que no pide pierde paulatinamente la potestad para pedir. Cada decisión individual y diaria tiene un impacto en la construcción del hoy y el mañana. Esta idea se conoce formalmente como ventaja acumulativa o «el efecto Mateo».

Explica cómo los que comienzan con más ventajas que los demás pueden retener esa ventaja durante largos períodos de tiempo. Dos personas pueden comenzar casi en el mismo lugar y terminar en mundos separados. Las condiciones iniciales son importantes y, a medida que pasa el tiempo, importan cada vez más. Escuchamos las historias de los que llegan y, a menudo, las de los que fracasan se pierden. Porque la oportunidad que se pierde, desaparece.

La recompensa de vencer la contención es ser el héroe de tu momento

En 1989, uno de los grupos vinculados en la lucha contra el sida en Barcelona supo del inminente derribo del muro en el que Keith Haring había realizado un grafiti sobre esta temática. No sé si te resulta familiar la imagen o el autor. Haring fue un artista y activista social de la generación pop y la cultura callejera de la Nueva York de la década de los ochenta del siglo pasado. En esa fecha, justo un año antes de morir de sida, viajó a Barcelona para realizar ese grafiti en el que lanzaba un grito desesperado de ayuda en un momento en el que tantas personas, conocidas y desconocidas, sucumbían víctimas de esta enfermedad. Sus característicos monigotes quedaban enlazados a otros símbolos relacionados que, en un emblemático color rojo, transmitía con nitidez un mensaje: «Todos juntos podemos parar el sida». Esa obra de gran simbolismo, única e irrepetible, se iba a perder para siempre cuando el edificio ruinoso que había sido su lienzo fuera reducido a cascajos. Fue entonces cuando los chicos de la Fundación Lucha contra el Sida fueron en busca de Lola Mitjans, una promotora cultural reconocida en numerosas ocasiones por su gran contribución al mundo del arte, especialmente por medio de la promoción del asociacionismo a museos y el coleccionismo público y privado. Lola comprendió perfectamente su gravedad e inminencia, pues era cuestión de días que se produjera la demolición. Era, además, consciente de que toda gestión de estas características, en las que han de coordinarse tantos actores públicos y privados, solía requerir de bastante tiempo. Su tesón tuvo resultado y, tras conversaciones con el Ayuntamiento de Barcelona, consiguió retrasar su derribo para que un grupo de estudiantes de bellas artes limpiaran las pinturas que se habían sobrepuesto, recuperaran y traspasaran el mural a una copia que fue depositada en el MACBA (Museo de Arte Contemporáneo de Barcelona), de donde era vicepresidenta. Si los muchachos de la Fundación Lucha contra el Sida no hubieran pedido a Lola Mitjans se habría perdido. Si Lola Mitjans no hubiera pedido al Ayuntamiento, al Patronato del MACBA y a estudiantes de bellas artes se habría perdido. Sin la responsabilidad que asumieron cada uno de ellos por hacer algo, el mural se habría perdido. Y con él, ese testimonio de lo que supuso el sida en su momento.

Ese grafiti está hoy en el Raval de Barcelona, donde turistas, vecinos y curiosos pueden disfrutarlo con el llamamiento a la colaboración que hizo Keith Haring justo antes de morir. Pero tú cuando lo veas sabrás que estás delante de algo más. Ahora conoces su secreto. Ese muro contiene la huella de personas anónimas que fueron los héroes que consiguieron salvar el legado del artista estadounidense en Barcelona.

Cada día es un regalo que merece la pena aprovechar

Una noche fui a un evento muy especial. El estreno del corto de cine del escritor Fernando Trías de Bes, coautor junto a Àlex Rovira de uno de mis libros favoritos, *La Buena Suerte*. Recordaré aquel episodio toda mi vida. No tanto por el contenido del corto, una historia algo extraña sobre la conquista china de Europa, como por mi conversación con Fernando. Fui invitada a la mesa presidencial y pude cenar con él en petit comité. Me preguntó discretamente sobre mi salud. No era una pregunta trivial ni de mera cortesía, yo estaba en pleno tratamiento de quimioterapia. Llevaba un turbante que cubría mi calva, ya no tenía cejas y aunque estaba satisfecha del efecto del maquillaje, era consciente de que mi cara estaba demacrada. Respondí que bien dentro de lo que cabía, agradecida por su amabilidad. Entonces me confesó que él también había superado un cáncer y que aquel corto de cine tenía para él un significado muy especial. Resulta que mientras luchaba contra la enfermedad, había decidido hacer una lista de las cosas que haría si se curaba. Aquella película era una de ellas.

Recuerdo volver a casa con esa idea en la cabeza y sentarme con un papel en blanco a hacer mi propia lista. Y, sobre todo, recuerdo cuánto me confortó descubrir que me importaba más qué hacer durante el tiempo que estaba viva que qué pasaría si me moría. Compartí con Umut, una mujer extraordinaria a quien conocí precisamente cuando le diagnosticaron también cáncer, la lección de Fernando. Umut me dijo que lo que más la había animado durante la enfermedad fue decidir no sufrir por lo que le había ocurrido, sino vivirlo. Enfocarlo como un viaje, una experiencia vital que la haría crecer. Así lo hizo, como yo hice antes. Sacando lo mejor de ello y, desde entonces, ya siempre haciéndolo. Gracias a la inspiración de Fernando.

Durante mi enfermedad también aprendí que a veces los sucesos más desafortunados pueden traerte preciosos regalos. Cuando te enfrentas a una enfermedad mortal, muchos miedos te asaltan. Recuerdo la tensión el día antes de la cita con el médico. Me temía el peor diagnóstico. Yo no me quería morir. Mis tres hijos eran todavía pequeños: Oliver tenía ocho años, Tomás seis y mi hija pequeña Valeria tres. En esos momentos te vienen a la mente pensamientos dispares, datos curiosos que engrandecen tus peores pesadillas. El día antes cenaba más callada de lo habitual con mi familia. Valeria, sentada en su trona, jugaba con la comida. Recordé algo que había leído hacía mucho tiempo: que los primeros recuerdos de los humanos sólo se conservan a partir de los cuatro años. Dejé mi plato sin tocar, había perdido totalmente el hambre.

El diagnóstico se confirmó. La medicina tendría que hacer su parte del trabajo y yo, como enferma, tenía que cuidarme y mantener el ánimo. Todo el mundo me felicitaba por mi actitud optimista y alegre, incluso en el hospital me pidieron que participara en un reportaje con mi testimonio por considerarme un buen ejemplo de entereza ante la enfermedad. Pero yo sabía que el mérito no era sólo mío. Como el galo Astérix, poseía una poción mágica que me daba una fuerza sobrehumana. Decidí tomarme lo que me estaba pasando como una oportunidad. Como me iba a quedar calva, aproveché para cortarme el pelo como jamás me había atrevido antes. Fui en tres semanas tres veces a la peluquería y pedí a mi peluquero que experimentase. Me vi distinta. También guapa. Después decidí afeitarme la cabeza en un barbero. Fue muy curioso sentir cómo untaba mi cabeza con espuma, con suavidad, con movimientos circulares. Cómo pasaba cuidadosamente la navaja. Fue muy agradable. Luego me di un masaje de cabeza. La experiencia de las manos sobre el cuero cabelludo sin pelo me hizo sentir bien.

Pero lo definitivo no fueron estas pequeñas incursiones exploratorias, sino el apoyo de mi red. Cuando estás enfermo todo el mundo te quiere ayudar, aunque muchas veces no saben cómo hacerlo. Temen importunarte, cansarte por no saber. Yo sabía que necesitaba ayuda para resolver la gestión de mi nueva imagen, sobre todo porque estoy poco interesada por la moda y odio ir de compras. Entonces organicé una merienda a la que denominé «la fiesta del pañuelo» y pedí a mis amigas que me trajeran algo para arreglarme en mi nueva etapa, con mi nuevo aspecto. Instalé en el comedor una especie de tocador con un gran espejo y entre risas y confidencias fuimos probando distintas combinaciones de atuendos, haciendo divertidas fotos. Ese momento fue mágico y sus efectos positivos me acompañaron durante toda la enfermedad. Cada día me vestía con algo que me había regalado una amiga, me hacía una foto y se la enviaba con un mensaje que decía: «Gracias por tu apoyo». Yo me sentía bien y ella también se sentía bien. Ése fue el verdadero secreto de mi actitud admirable, la pócima mágica de mi fuerza y buen ánimo frente a mi enfermedad: que pedí lo que más necesitaba y mi familia, amigos y conocidos, me lo dieron.

Hemos llegado al último de los frenos. Espero que a lo largo de todo el libro hayas adquirido recursos para vencerlos. Has activado todos los resortes. Alargas la mano. Tienes seguridad, tu camino, foco y red. Ya sólo queda una cosa: hacerlo. Entonces pides. Porque cada día es un regalo que merece la pena aprovechar.

Pides. Actúas. Y cruzas la puerta que brilla.

¿Has tenido que superar el freno
de la contención para progresar?
A esta pregunta que te he planteado
al inicio del capítulo,
la respuesta de mujeres y hombres es:

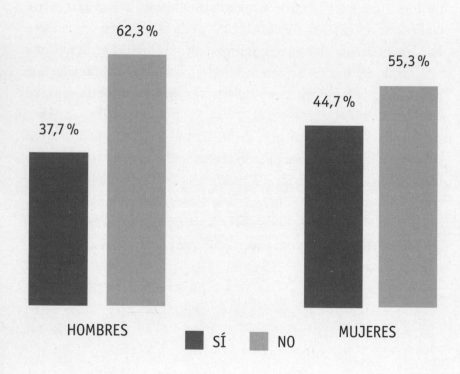

Contención
¿Dejas pasar las oportunidades de calidad?

SI DETECTAS ESTOS INDICIOS...		Y SI ES UNA OPORTUNIDAD DE CALIDAD

✓ Te dejas vencer por la inercia sin cuestionar	1. Confía en ti
✓ Prefieres «escapar», «vegetar» o «sacrificarte» a indagar si hay un freno no resuelto	2. Disfruta del camino
	3. Pon foco
	4. Construye redes
	5. Pide

El talento es acción. El héroe aprovecha cada oportunidad de calidad para dejar una huella positiva.

7 PALANCAS PARA VENCER LOS FRENOS

	PERSPECTIVA	PONDERACIÓN	CAPACIDAD	ALIADOS	AUTOCONFIANZA	ESTATUS	ACCIÓN
BENEFICIO	Descubrir tu posición relativa para saber si cuentas con la capacidad que necesitas.	Encontrar el equilibrio entre lo que tienes, lo que quieres, lo que puedes y lo que eres.	Asegurar capacidades y recursos adecuados.	Tener una red de apoyo que te fortalezca.	Mantener la determinación en momentos difíciles.	Ser tenido en cuenta.	Ser un héroe de tu momento y aprovechar la oportunidad cuando llega.
HERRAMIENTAS							
CONTENCIÓN	Descubre si los frenos te están avisando de que no es el momento.	Cuestiona y sopesa.	Aprende a pedir con asertividad.	Apóyate en aliados leales y también retadores.	Recuerda que en ti hay un héroe.	Usa la marca personal para hacerte escuchar.	Pide.

7
Ahora es tu momento:
sé un héroe

Una vez leí que la peor de las tragedias de la humanidad sucede cuando las personas dejan de cuestionarse y de provocar una discusión para descubrir la verdadera verdad. He pretendido con este libro abrir esa discusión. Es probable que yo misma me haya dejado llevar por el «sesgo de confirmación», exponiendo información para soportar mis hipótesis y evitando información que la puedan poner en entredicho.

La obsesión por la tecnología, por la ciencia, por comprender el origen de cada cosa puede hacernos creer que sólo por comprender cómo algo funciona seremos capaces de hacerla funcionar, una idea que expresa Richard Farson en su libro *Administración de lo absurdo: las paradojas del liderazgo*. Sin embargo, no es así. Comprender cómo crecen las personas no hace que sepamos cómo hacerlas crecer. Y ser conscientes de qué es lo que deberíamos hacer no siempre puede variar un comportamiento. Saberlo puede ayudarnos a mejorar y también a perdonarnos cuando erramos. Servirnos de inspiración y aprendizaje para la siguiente ocasión.

A veces los enemigos más peligrosos no están fuera, sino

dentro. Son más peligrosos porque te olvidas de ellos, habitan silenciosos contigo sin que lo notes. Por eso el peor enemigo del talento es no cuestionar ni cuestionarse. La inercia engaña a las personas, adormeciéndolas bajo la creencia de que no tienen otra alternativa, de que no pueden hacer nada para cambiar las cosas.

Pero se puede. Lo que hace triunfar a las personas es la determinación para vencer a la inercia en los picos y mantener el equilibrio en los valles. Tener determinación para ganar perspectiva y contar con aliados para distinguir si el momento es el adecuado. Para actuar ahora o dejar pasar la ocasión para siempre.

¿Recuerdas el símil del canal y las puertas? Ahora parece que ha pasado una eternidad desde aquella historia. Ponte en situación: ves una puerta que brilla de forma especial. Es tu momento de la verdad. Un punto de inflexión trascendente. Estás cerca. Has de tomar una decisión: ¿actuarás o seguirás dejándote llevar por la inercia?

Ahora conoces la gran complejidad que encierran los frenos, las causas más comunes, aunque indudablemente hay otras. Lo difícil que es captar los síntomas y la multiplicidad de factores que intervienen. Te animo a repasar estos síntomas que te pueden estar avisando de que algo te está frenando:

Freno	Síntomas
Desubicación	• Actos forzados o no naturales. • Dejar de aprender. • Punzada en el estómago. • Expulsión del entorno por causas ajenas a ti.
Inseguridad	• Actos contradictorios o incoherentes. • Miedo a la comparativa. • Actitud defensiva. • Vacilación. • Entornos de discriminación o ausencia de equidad.
Dispersión	• No poder decir que no a cosas que sabes que no te convienen. • Decir que no a todo, incluso a lo que te conviene. • Querer aprenderlo todo por ti mismo. • Agotamiento extremo, incapacidad para parar. • Intentar llegar a todo.
Desconexión	• Aislamiento social. • Recelo social. Sensación de suciedad. • Pérdida de control sobre el propio tiempo. • Decir que no se tiene tiempo. • Dejar de hacer networking.
Contención	• Dejarse vencer por la inercia sin cuestionar. • Preferir situarse en los cuadrantes de «escapar», «vegetar» o «sacrificarse» a indagar si hay un freno no resuelto.

Ahora cuentas con las siete palancas que hemos visto en los capítulos anteriores y que, solas o combinadas, pueden activar tu clic para vencer tus miedos y frenos. Para ser el héroe de tu momento.

Llevo muchos años viendo a personas siendo héroes de su cotidianidad. Admirándolas y emocionándome con sus historias. Observando cómo al activarse su «clic interno» han vencido a la inercia con valentía, determinación y generosidad.

Seguro que si tuvieras que repetir de carrerilla los cinco frenos que se han nombrado los cinco capítulos del libro te costaría. Son conceptos forzados. Como los frenos. En cambio el clic que los vence seguro que podrás recordarlo siempre, porque es algo natural. Natural como tu talento.

Recuérdalos siempre:

1. **Encuentra tu camino**
2. **Confía en ti**
3. **Pon foco**
4. **Haz networking**
5. **Pide**

Gozar de libre albedrío es decidir, incluso si te equivocas. Porque cuando decides, experimentas, te implicas, actúas con conciencia. Sientes y vives —déjame citar dos frases más de Dickens que tienen que ver con lo que se expone: «El hombre nunca sabe de lo que es capaz hasta que lo intenta» y «Cada fracaso enseña al hombre algo que necesitaba aprender»—. Si te dejas llevar por la inercia puedes terminar desconectado y, con el tiempo, aislado. El genial artista Sandro Botticelli ilustró la *Divina Comedia* de Dante. Para transmitir los terribles tormentos del Infierno dibujó a las personas siempre aisladas, solas. Pero en el Purgatorio, Botticelli las agrupó en parejas y tríos. Todavía afligidas, estar unidas representaba la esperanza y el camino al cielo. El pintor florentino sabía que era la mejor manera de explicar que el Paraíso estaba cerca. Porque de la unión de los individuos nacen su fuerza y su bienestar.

En 1967, Kathrine Switzer se convirtió en la primera mujer que participó con un dorsal en la maratón de Boston. Por aquel entonces, las mujeres no podían inscribirse en la maratón y para justificarlo se esgrimía el argumento de que físicamente no estábamos preparadas para soportar la exigencia de la carrera. Kathrine sabía que no era cierto. Llevaba mucho tiempo entrenándose y sabía que podía hacerlo. Se inscribió con sus iniciales K. S. y el día de la carrera corrió junto a su marido y su entrenador. Cuando llevaba una parte de la distancia recorrida, uno de los organizadores de la carrera la vio y trató de expulsarla, empujándola y agarrando con rabia su dorsal para arrancarlo de su cuerpo. Inmediatamente el entrenador de Switzer acudió en su ayuda y comenzó un forcejeo. Un momento que fue inmortalizado en una foto que daría la vuelta al mundo y se convertiría en un icono de la lucha de las mujeres por la igualdad.

Kathrine consiguió zafarse de su atacante, que cayó al suelo, instante que aprovechó para correr con todas sus fuerzas animada por su entrenador y su marido. Con los gritos de «¡Corre, Kathrine, corre!» retumbando en sus oídos y la adrenalina a tope, puso todo su corazón y energía en alejarse. Muchos corredores la fueron adelantando y las calles se vaciaron paulatinamente de público. Anochecía. Te recuerdo que una maratón son 42 kilómetros y 195 metros. Después de aquel incidente quedaban muchos por delante, el kilómetro 20, el 22, el 30, el 35 y así hasta llegar al 42. Aquel incidente había renovado su determinación de cruzar la meta, aunque tuviera que acabar aquella carrera de rodillas, como ella misma contó después. Sabía que, si no lo hacía, daría el argumento definitivo para seguir vetando la participación de las mujeres en la maratón. Ya no se trataba de ella. Cruzaría la meta por todas las mujeres que no podían hacerlo. Sintió todo el peso de la responsabilidad de acabar aquella maratón sobre sus hombros. Sabía que podía. Confiaba en sus capacidades. Se había preparado bien para aquella oportunidad. Y seguía concentrada, centrando con determinación todo su ser en el objetivo, colocando un pie tras el otro con firmeza.

La vida profesional es como una maratón. Hay momentos de gran adrenalina, en que sentimos los vítores y los apoyos alrededor y otros en los que nos sentimos débiles, descolocados, superados y solos. En que sentimos sobre el peso de nuestros hombros la gran carga de cumplir las expectativas de todos, de no defraudar a los que dependen de nosotros. La determinación por alcanzar la meta, por luchar por lo que consideramos justo y bueno es lo que construye carreras de éxito. Es lo que mantiene a las personas buscando provocar oportunidades de calidad, puntos de inflexión que hagan un cambio significativo. También lo que ofrece la motivación para aprovecharlas en los picos y el equilibrio personal en los valles mientras esperamos que aparezcan.

Pero la historia de Kathrine vuelve a contener una segunda lección, tan valiosa como la primera. NO LO HIZO SOLA. Su marido y su entrenador estaban con ella, animándola, acompañándola, siendo su ayuda crítica para evitar que la apartaran. Ella cruzó la meta, pero la victoria la lograron todos. Mujeres y hombres unidos.

8
Los tres adversarios de género

Toda la vida he creído que los síntomas de un ataque al corazón eran una molestia en el pecho y dolor en un brazo izquierdo. Incluso una vez que había tenido un episodio de un dolor agudo en el pecho hice una consulta médica temiendo estar teniendo un infarto. Todavía me da vergüenza el ridículo que hice. En mi descargo diré que el médico no me sacó de mi error. Me tranquilizó y encontró el origen de mi malestar en otra causa. Y no, los gases no llegan tan arriba. Pero mi error no era sólo de diagnóstico. Era de base. Esos síntomas jamás podrían ser una señal predictiva para mí de estar sufriendo un ataque al corazón. Efectivamente, anteceden a un infarto, pero sólo en los hombres. En las mujeres, un ataque al corazón va precedido de una molestia en el pecho, falta de aire, náuseas y vómitos. Vaya, que lo mismo me quedo en casa pensando que tengo una indigestión y termino estirando la pata.

Éste es un pequeño ejemplo de los miles de diferencias entre hombres y mujeres que siguen sin salir a la luz, sin informarse, sin ni siquiera tenerse en cuenta. Y cuyas consecuencias son mucho más graves que el que un médico me tome por hipocondríaca. Londa Schiebinger, catedrática de Historia de la Ciencia y directora del proyecto Innovaciones de género en ciencia, salud y medicina, ingeniería y medio ambiente de Stanford lleva años estudiándolos y registrándolos en su web abierta al público. Como cuando olvidan evaluar el efecto en la población femenina en una molécula de un fármaco, cuando no incluyen los cambios hormonales como un indicador en una aplicación para monitorizar una enfermedad o cuando diseñan en ciudades sistemas de movilidad sin tener en cuenta los desplazamientos que hacen las mujeres para atender a familiares. Las consecuencias de esta falta de perspectiva son nefastas: se pierden vidas, acarrean secuelas graves o generan soluciones ineficientes, que impactan, no sólo en la vida de esas mujeres, sino también en la de las personas que dependen de ellas. Te recomiendo que visites la página web del proyecto: <https://genderedinnovations.stanford.edu/>

Cuando se pierde la perspectiva de género, se pierden aliados altamente valiosos. Piensa en tu equipo. ¿Sabes que si incorporas un mayor número de mujeres el grupo será más inteligente? La investigadora Anita Williams Woolley demostró que los grupos más «listos» eran aquellos en los que los miembros contribuían de forma más repartida a las discusiones en grupo, en lugar de dejar que las dominen una o dos personas; que tenían un mayor número de miembros con empatía y «sensibilidad social» y, sin lugar a dudas, que estaban compuestos por un número igual o mayor de mujeres. Ahora bien, las mujeres que formen parte de tu equipo podrán ver reducido su rendimiento por los mismos factores que sus colegas hombres. Ser víctimas de la inseguridad, la desubicación, la dispersión, la desconexión y la contención. Pero a ellas les puede resultar más difícil combatirlos debido a estos «tres adversarios de género» que, de promedio, afectan más a las mujeres que a los hombres.

Referencias sobre la existencia de los adversarios de género y su efecto en cada freno

En la introducción ya te advertí de la existencia de estos adversarios que afectan especialmente a la mujer por estos tres motivos:

- **Una mayor inseguridad:** las mujeres percibimos, de promedio, nuestro talento inferior de lo que realmente es.
- **Una mayor necesidad de agradar:** científicos especializados en el estudio del cerebro afirman que las mujeres desarrollan una mayor capacidad que los hombres para leer el rostro de las personas que las rodean e interpretan mucho mejor la aprobación o el disgusto.
- **Un mayor estrés ante un conflicto que pueda poner en riesgo una relación social:** el cerebro femenino reacciona con alarma ante el riesgo de romper un vínculo social.

A continuación podrás encontrar, a modo de anotaciones y referencias, datos y estudios que apoyan la existencia de estos tres adversarios y su influencia en cada freno.

1. Cómo afectan los adversarios de género en la inseguridad

Las mujeres se consideran peor de lo que realmente son. Las mujeres juzgan frecuentemente peor su propio rendimiento de lo que es en realidad y los hombres se perciben mejor de lo que realmente son.*

* Hay muchos estudios que demuestran que las mujeres tienen menos confianza que los hombres en sus capacidades. Una profesora de la Universidad de California en Santa Bárbara, Brenda Major, estuvo durante años midiendo esta diferencia. Los hombres sobrestimaban siempre tanto sus habilidades como el resultado posterior que lograrían. Las mujeres infravaloraban ambas.

Cuando ambos reciben comentarios negativos, la confianza y la autoestima de las mujeres descienden en una medida muy superior. La inseguridad del fracaso repercute, además, en su rendimiento futuro: la autopercepción de su debilidad sigue extendiendo sus consecuencias a largo plazo.

Sus propios méritos no les bastan. Buscan certificadores externos que acrediten sus méritos, que las protejan de la crítica. Lo llaman el síndrome de la tiara: esperan que alguien les coloque una corona que muestre al mundo que realmente son talentosas.

Las mujeres se postulan menos a ofertas y posibilidades de promoción. Las mejores se excluyen de ámbitos considerados masculinos. Los investigadores David Dunning y Joyce Ehrlinger invitaron a estudiantes a participar en una competición de ciencias. Mientras el 71 % de los hombres se inscribieron, más de la mitad de las mujeres descartaron su participación* aun cuando estuvieran sobradamente preparadas para ellas.

En otro caso, un equipo de selección de HP descubrió que las mujeres sólo solicitaban participar en promociones internas cuando cumplían el cien por cien de los requisitos, mientras que los hombres se postulaban sólo con un 60 %.

Las mujeres reciben más críticas. Cuando una mujer tiene éxito despierta menor simpatía entre personas de ambos sexos. El caso Heidi/Howard** de la Harvard Business School lo demostró: toma-

---

* Sólo se inscribieron un 49 % de las mujeres. Joyce Ehrlinger y David Dunning, «How chronic self-views influence (and potentially mislead) estimates of performance». Universidad de Cornell, 2003.

** Kathleen L. McGinn, y Nicole Tempest. «Heidi Roizen», Harvard Business School Case 800-228, Enero de 2000. (Revisado en abril de 2010.)

ron un caso previo sobre Heidi Roizen,* una exitosa mujer de negocios de San Francisco sustituyendo el nombre de Heidi por el de Howard. Un grupo analizó los atributos del liderazgo de Heidi y otro los de Howard. El resultado mostró que, mientras la evaluación objetiva de su talento era similar, Howard fue considerado inspirador, sugerente y carismático mientras que Heidi fue tachada de ambiciosa, trepa y poco auténtica. Opinión en la que coincidieron hombres y mujeres por igual.

2. Cómo afectan los adversarios de género en la desubicación

Las mujeres buscan entornos más meritocráticos. Hay más mujeres en la esfera académica y en puestos que se logran por oposición. No siguen la misma proporción a partir de ciertos niveles de responsabilidad y poder de decisión en las instituciones y empresa. En entornos estructurados las competencias se acreditan «objetivamente», definiendo méritos en un proceso claramente fijado.

Las mujeres tienden a interpretar el rechazo con mayor subjetividad. Algunos estudios han demostrado que habitualmente el hombre atribuye la causa del fracaso a factores externos, como que no estudió lo suficiente o que no le interesaba el tema, siendo causas que no ponen en cuestión su capacidad, sino que reafirman más bien el poder sobre su voluntad. También atribuye su éxito a sus propias cualidades y capacidades innatas. La mujer, en cambio, asocia el fracaso a una falta de capacidad intrínseca y no atribuye el éxito a su talento. Lo relaciona con factores externos como que «tuvo un buen resultado porque trabajó muy duro», «tuvo suerte» u «obtuvo ayuda de otras personas».

* <http://www.heidiroizen.com/>

Las mujeres tienden a ser más obedientes. La dificultad para contravenir la autoridad afecta a todas las personas, como han demostrado numerosos estudios. Pero la biología de la mujer, con menos testosterona y más estrógeno, la incentiva especialmente para que mantenga relaciones armoniosas y evite el conflicto. Las discordias las descolocan fuera de su espacio ansiado de conexión, aprobación y cuidados,* lo que hará que su temor a contravenir la autoridad y ser expulsada del grupo sea mucho más difícil de superar.

3. Cómo afectan los adversarios de género en la dispersión

A la mujer le cuesta mucho decir no. A la mujer le cuesta más evitar las técnicas de la «patada en la puerta» y «bola baja». Se alían con sus «tres adversarios de género» por la necesidad de agradar y de evitar el conflicto.

Al asumir un compromiso, la mujer cambia la autopercepción respecto a esa situación y ya siempre dirá que sí para poder mantener esa imagen, impulsada por la necesidad de ser auténtica.

La mujer profesional trata de ser perfecta en un rol del hogar que se ha vuelto superlativo. Algunas mujeres viven obsesionadas por ser buenas madres, buenas mujeres, buenas hermanas, buenas amigas, buenas cocineras y buenas deportistas. Bob Sullivan y Hugh Thompson, autores de *The Plateau Effect: Getting from Stuck to Success*, llaman a esta tendencia el «enemigo de lo bueno», que lleva a las mujeres a invertir horas a buscar la perfección imposible. También hay otros movimientos como el Club de Malas madres**

* *El cerebro femenino*, p. 48.
** <https://clubdemalasmadres.com/>

que, con mucho sentido del humor y pragmatismo, están empezando a ayudar a las mujeres a controlar el compromiso superlativo de lo que significa ser profesionales y madres. La maternidad —y también la paternidad— es un concepto amplio con un significado muy personal que cada una vive a su manera, o mejor dicho, como mejor puede. Me pareció muy aguda la descripción de una conferenciante de TED sobre cómo había evolucionado ese concepto a lo largo de la historia. Explicaba que ser padres había pasado de una obligación de «proveer de alimento» a un significado mucho mayor de «proveer de felicidad, apoyo emocional, educación, inspiración, salud, higiene, confianza, pasar tiempo de calidad, acompañarles en su desarrollo y estar presente en cada uno de sus principales momentos».*

La mujer que no puede modular sus compromisos pasa del cien al cero. Algunas mujeres creen que, en la elección entre la vida profesional y la personal, no habrá término medio. Que es todo o nada, cien o cero. Y ante el riesgo de fracasar, no estar a la altura y, sobre todo, no llegar a los compromisos ya asumidos eligen cero, o lo que es peor, terminan en él a causa de un colapso físico, mental y emocional.

La mujer que no puede modular sus compromisos crea versiones de su historia. Desarrollan argumentos para convencerse de que en realidad lo que han dejado tampoco era tan interesante, ni tan importante. Y se los creen.

* <https://www.ted.com/talks/jennifer_senior_for_parents_happiness_is_a_very_high_bar/>

4. **Cómo afectan los adversarios de género en la desconexión**

El miedo a ser expulsadas del grupo acentúa la ley de la reciproci-dad. Las mujeres cumplen la ley de la reciprocidad más por el mie-do de, si no lo hacen, ser expulsadas socialmente del grupo.

La mujer recibe menos reciprocidad al ser sus actos vistos como con-tribución a la comunidad. Debido al «descuento de género», se con-sidera que la mujer tiene una obligación de mayor contribución a la comunidad.*

En algunos espacios de poder la mujer todavía es percibida fuera de lugar. Cuenta la profesora de historia y literatura clásica Mary Beard, que la primera vez que un hombre le dijo una mujer que su voz no debería ser oída en público fue en la *Odisea* de Home-ro, hace tres mil años.** El joven Telémaco demostró su paso de niño a adulto, al dirigirle a su madre Penélope estas palabras: «Ma-dre, vuelve a tus aposentos y dedícate a tus asuntos. Hablar es el negocio de los hombres, de todos los hombres, y mío por encima de todos ellos, puesto que mío es el poder de esta casa».***

---

* En muchas ocasiones por ese «descuento de género» que ya hemos mencionado antes, en el que se considera que la mujer realiza acciones por-que está dentro de sus obligaciones de su sexo.

** Mary Beard, *Mujeres y poder*.

*** Como señala Mary Beard, Homero usa la palabra «hablar» en una acepción que la distingue de parlotear, la charla banal asociada a las mujeres. El tono de la mujer es también menospreciado, siendo el sonido agudo con-siderado de menor honestidad y autoridad, todavía hoy como recoge este ar-tículo en *The Economist*: https://www.economist.com/books-and-arts/2018/10/06/womens-voices-are-judged-more-harshly-than-mens

En procesos de mentoring la mujer recibe menos información sobre cómo abordar un negocio que los hombres. Susan L. Colantuono,* CEO y fundadora de Leading Women, explicó en una charla TED la diferencia de tiempo que dedicaban los mentores a reforzar el talento de mujeres y hombres. En las mujeres, la mayor parte del tiempo la conversación quería mejorar la confianza emocional de la mujer. Con los hombres, sin embargo, hablaban del negocio. Al final del año, en la evaluación del rendimiento de ambos, los hombres puntuaban mejor. Colantuono advertía que la seguridad y la confianza son importantes, pero que, para tomar decisiones y obtener resultados, el dominio del negocio, la industria y la experiencia lo son más. Siendo en definitiva el mejor acicate para adquirir seguridad.

La mujer siente el peso de su estereotipo de género. Que cuando está con otra mujer debe hablar de temas femeninos porque conserva los circuitos antiguos de sus antepasadas más exitosas. Según la doctora Louann Brizendine, en *El cerebro femenino*, quizá tenga que ver con la ayuda recíproca en situaciones de amenazas o estrés y el aviso mutuo dentro del grupo, lo que les permite alejarse del peligro potencial y continuar cuidando a las crías dependientes. Esta norma de conducta se denomina «cuidado y búsqueda de amistades».

Tiende a reunirse con otras chicas. Según la profesora Brizendine, ya desde la adolescencia, las relaciones más importantes de las mujeres son las que tienen con las otras chicas. Las mujeres tienden a la creación y conservación de redes sociales que puedan ayudarlas, como si una voz en su interior les gritara que de no crear ese vínculo, ellas y su descendencia estarían perdidas.

* <https://www.ted.com/talks/susan_colantuono_the_career_advice_you_probably_didn_t_get>

Teme en el networking con hombres que se pueda interpretar ese interés como algo más, que pueda tener una interpretación de interés sexual. El cerebro masculino tiene dos veces y media más de espacio cerebral dedicado al impulso sexual, y centros cerebrales más desarrollados para la acción y la agresividad. Los pensamientos sexuales flotan en el cerebro masculino muchas veces al día por término medio, mientras que el de una mujer sólo lo hace una vez al día, o quizá tres o cuatro en sus días más febriles. Esta idea la expone la doctora Brizendine en el libro citado. Estas variaciones estructurales entre uno y otro cerebro pueden ser la causa de la diferencia de percepción e interpretación de la realidad. En un estudio exploraron los cerebros de ambos, observando la escena neutra de un hombre y una mujer manteniendo una conversación. Las áreas sexuales de los cerebros masculinos inmediatamente chispearon, viendo una potencial cita sexual. Los cerebros femeninos no tuvieron ninguna actividad en las áreas sexuales y consideraron que la situación era sencillamente la de dos personas hablando.*

Existe el peligro de que una vez alcanzado el poder para cambiarlo, se olvide ese propósito y se repliquen los mismos comportamientos que se habían censurado. A tantas mujeres les ha pasado, que incluso se le ha dado un nombre: el síndrome de la abeja reina.** Cómo han ido desprendiéndose de su aspecto femenino

---

* Louann Brizendine, *El cerebro femenino*.

** Llamado «síndrome de la abeja reina», fue definido por primera vez por G. L. Staines, T. E. Jayaratne y C. Tavris en 1973. Describe a una mujer en una posición de autoridad que tiene una opinión más crítica o trata con mayor dureza a sus subordinadas mujeres que a sus subordinados varones. Para otros comportamientos discriminatorios de mujeres con otras mujeres, véase: Tania Reynolds, Roy F. Baumeister y John K. Maner, «Competitive reputation manipulation: Women strategically transmit social information about romantic rivals», *Journal of Experimental Social Psychology*, vol. 78, 2018, pp. 195-209.

para dejar paso a una apariencia andrógina. Y cómo, para ganarse el favor del hombre y proteger su posición dentro de ese grupo, han tratado como competidoras a otras mujeres, tratándolas con descortesía y hostigamiento.

5. Cómo afectan los adversarios de género en la contención

La mujer a menudo se contiene, como si la contención femenina fuera algo natural. La ciencia evolutiva afirma que «aunque vivimos en el mundo urbano moderno, habitamos cuerpos hechos para vivir en la naturaleza salvaje llevando dentro instintos profundamente instalados para el éxito genético».[*] Dicen que el hombre está hecho para la acción, que su código genético hace que no dude, que esté listo para «cazar», buscar alimento o «defender» de un ataque inesperado. Para el hombre primitivo actuar o esperar podía significar vivir o morir. La mujer tenía el rol de esperar, cuidar de la prole y del nido. Recolectar el fruto en lugar de cazar la presa. Esperar el momento preciso pudo ser fundamental para la evolución y supervivencia de la especie. Precipitarse para tomar el fruto, por ejemplo, podría malograr el alimento, arrancarlo del árbol demasiado verde, antes de que estuviera comestible. La diferencia entre actuar o esperar podría ser alimentarse o no, morir o vivir.

Chimamanda Ngozi Adichie[**] explica que en su país el hombre «renuncia en pro del matrimonio» a hacer algo inapropiado, como «ir de discotecas con los amigos todas las noches». La mujer renuncia a un trabajo, a una meta profesional o a un sueño porque se les enseña que el matrimonio y la familia se construyen sobre el hábito de renunciar.

[*] Louann Brizendine, *El cerebro femenino.*
[**] Chimamanda Ngozi Adichie, *Todos deberíamos ser feministas.*

Sheryl Sandberg dedica en su libro *Vayamos adelante** un capítulo a pedir a las mujeres que «no se vayan antes de irse». Desde la universidad, ponen el freno de mano a sus carreras previendo los sacrificios. Judith Rodin, presidenta de la Fundación Rockefeller, dijo: «Mi generación luchó duramente para ofrecer a las mujeres la capacidad de elegir, lo que nunca creímos es que tantas eligiesen abandonar».

La voz de la mujer es escuchada más cuando habla de temas femeninos. La mujer que ha osado aventurarse en el espacio de poder masculino recibe duras críticas, no por el contenido de lo que iba a decir, sino por el mero hecho de hacerlo. Sí que son escuchadas cuando se circunscriben a su nicho:** para defender sus hogares, hijos, maridos y los intereses de otras mujeres. Y no es sólo algo histórico: en la reciente lista de los «100 mejores discursos de la historia» las mujeres que han sido incluidas hablan sobre defensa femenina.

Puesto que hablar ha definido durante mucho tiempo la masculinidad, la mujer que habla es, por definición, una «no mujer». De ahí la adquisición de características andróginas y el abandono de su feminidad. Como la atribución a la reina Isabel I de Inglaterra de la siguiente frase, que según Mary Beard creada sin registro histórico de que fuera real: «Sé que tengo el cuerpo de una mujer floja y débil, pero tengo el corazón y el estómago de un rey, y de un rey de Inglaterra, además».

* Sheryl Sandberg, *Vayamos adelante*.
** *Ibid.*

Indeseables compañeros de viaje

A menudo se asocia la maternidad como el momento clave de abandono laboral de la mujer, aunque esta afirmación es incompleta. Las condiciones de trabajo hacen que la compatibilidad sea imposible o enormemente difícil, generando situaciones de estrés insostenibles en las mujeres. Afortunadamente, parece que hoy hay más conciencia y, empezando por el legislador, esta situación está en camino de corregirse. Las nuevas formas de familia también ayudan porque cada vez hay más hombres que tienen el cien por cien de las responsabilidades familiares (aunque sea una semana sí, otra no). La mujer pierde ventajas para desarrollarse profesionalmente desde el inicio de su carrera. Indudablemente, la maternidad introduce una variable de gran peso en la ecuación, pero afecta a ciertas mujeres en un momento concreto de su vida. No era madre Lucía, la abogada joven que no se creía suficientemente buena para conseguir cambiar una regla de más de veinte años de un bufete. Ni era madre Cristina, la estudiante que eligió la opción preferida de sus padres. Tampoco tenía hijos Carmen, la que escondía sus talentos por miedo a que fueran criticados. Tampoco Esther, la periodista que recibió miles de negativas y mensajes de desánimo que la alentaban a no ser reportera. La inseguridad, el temor ante el conflicto que rompa relaciones y el miedo a reducir el aprecio influyen mucho en la decisión que las mujeres toman sobre su carrera. Sin olvidar que con frecuencia contamos con menos cantidad de un preciado recurso, el tiempo, y normalmente estamos más expuestas a los robatiempos. ¿Recuerdas el freno de la dispersión? En el gráfico, un 97 % de las mujeres que completaron mi encuesta indicaron que habían tenido que luchar contra él, frente al 73 % de los hombres.

En las organizaciones el conflicto es continuo y aumenta cuanto más se avanza en el organigrama. Pedir más cuando subjetiva-

mente te dan mucho coloca a la mujer bajo un calificativo peyo-
rativo de ambición que la desprestigia frente al colectivo y la
convierte en «revolucionaria sin causa». Los hombres no tienen
nada que pedir, porque de entrada ya se les reconoce. Cuando una
mujer empieza a trabajar, el conflicto todavía es relativamente bajo
y la falta de ataduras le permite hablar para cambiar las circunstancias que no le gustan, y si no le hacen caso, irse. Tampoco se
sienten muy heridas si no las escuchan las que creen por inexpe-
riencia que es sólo cuestión de poder y estatus. Cabe decir que es
una generalización, hay empresas que son cien por cien ecuáni-
mes y en las que todos los profesionales intervienen, pero son las
menos. Al asumir un puesto de responsabilidad, la mujer asume
el rol de «defender» su proyecto y competir con otras unidades
por los recursos limitados que todos ansían. El conflicto es diario. Si no habla, puede quedarse en una situación que no le agra-
da y, si lo hace en un contexto en el que si no cuenta con estatus,
puede ser rechazada o condenada al aislamiento. Es decir, si la
mujer pide, es castigada, y si no pide, es ninguneada. En esas condiciones se hace difícil considerar el trabajo como una experiencia estimulante. Y por eso muchas abandonan.

Las organizaciones, los líderes de equipos, no deberían ignorar
la presencia de estos adversarios de género ni su influencia sobre la
salud de sus empresas. Porque son adversarios que atacan a todo el
talento, tanto femenino como masculino. Una mujer de promedio
puede sentirse insegura, pero el hombre a veces se pasa de confia-
do. ¿No puede resultar peligroso poner sólo en manos de sujetos
excesivamente seguros decisiones críticas de una empresa? ¿No se
debería buscar el equilibrio? Las mujeres son más intuitivas en la
interpretación de los rostros de los otros y eso las hace más sensibles, nuevamente de promedio, a agradar que los hombres. ¿Qué
sucede si los líderes tienen poca empatía? La investigadora Anita
Williams Woolley ya demostró que los grupos cuya mayoría de

miembros tuvieran esa intuición tan habitual en las féminas son más inteligentes. Las mujeres sienten un mayor estrés ante el conflicto que pueda poner en riesgo una relación, esforzándose más que los hombres —de promedio— por mantenerla evitando el enfrentamiento. ¿No puede alimentarse más la cohesión interna de una empresa con un liderazgo participativo en lugar de conflictivo?

Piensa en tu equipo o en tu organización. Imagina que una amenaza se cierne sobre vosotros. Todos sus miembros tienen herramientas, pero las de algunos son más grandes que las de otras. Otros son apartados a un lado. Sabes que sería mejor que todos participaran al cien por cien. Ahora imagínate que te cuestionas la razón de que algunos participen y otros no, que unos tengan mejores herramientas que otros. Indagas y descubres que, por alguna razón que desconoces, en virtud de costumbres e informaciones pasadas, un algoritmo ha decidido que es lo más conveniente. Y cuando te fijas en los individuos cuyas herramientas son menores o han sido apartados, te percatas de que todo son hombres.

¿Por qué no? ¿Por qué no puede ocurrir que en lugar de mujeres, inmigrantes, razas o etnias o condición sexual, un día se decida que los hombres han de ser limitados o apartados? Cuando se permite la discriminación, ningún grupo está libre de sucumbir a la discriminación.

El 48 % de los alumnos del MIT (el prestigioso Massachusetts Institute of Technology) provienen de hogares donde no se habla inglés. La paradoja americana es que sin la diversidad de talento, Estados Unidos no estaría donde está. La paradoja de la humanidad es que sin las mujeres, razas, etnias y personas de distinta condición sexual no habríamos alcanzado el grado de desarrollo que hoy disfrutamos. Gracias a que han cuestionado sus límites y los han superado. Cuando no perteneces a una minoría jamás se te ocurre pensar que la discriminación todavía existe en muchos niveles, segmentos y contextos. Piensas que su vida es igual que la tuya, hasta que su testimonio, cuando te pones en su piel, te despierta bruscamente a la realidad.

Las mujeres debemos, además de combatir los frenos para alcanzar oportunidades de calidad, luchar contra los adversarios de género. Pero es muy difícil superarlos con las cadenas que nos colocan otros compañeros de juego o las piedras en los zapatos que nos ponemos nosotras mismas. Entender qué está sucediendo es el primer paso. Activar las palancas internas y cambiar las reglas del juego, el segundo. Porque si los resortes internos y externos no son accionados a la vez nunca podremos lograrlo.

La deuda

En China, durante los años de la política del hijo único, los asesinatos de niñas llegaron a ser tan flagrantes que las autoridades decidieron tomar medidas. Aun así, muchas familias consideraban una tragedia e incluso un deshonor traer al mundo a una hembra y, para evitar ser perseguidos por la policía, comenzaron una terrible práctica. Para matarlas sin dejar rastro les daban de comer alfileres. Las agujas se deslizaban por el cuerpo de sus hijas hasta que, al entrar en contacto con algún órgano vital, provocaban la muerte sin ninguna causa aparente. Esta práctica no habría salido a la luz en el mundo occidental de no haber sido por un suceso ocurrido casualmente en un hospital en Estados Unidos. Una joven veinteañera de origen chino, adoptada por padres americanos, fue ingresada en coma sin que los médicos pudieran entender el porqué. Al parecer, mientras participaba con sus compañeros en unas jornadas de ciencias de su universidad cayó al suelo desplomada. Los facultativos le realizaron frenéticamente durante horas toda clase de pruebas para poder encontrar una cura a aquel mal misterioso. Entonces, de forma inexplicable, descubrieron que la chica tenía una aguja afilada alojada en su cerebro. Fue así como descubrieron aquella terrible forma de asesinato. De niña, aquella joven había sido afortunada pues, por algún motivo, la terrible púa no había conseguido matarla. Después de años latente e inmóvil, mientras paseaba por uno de los pabellones, una zona imantada que explicaba el poder magnético de los polos había ejercido su atracción sobre el metal en su cabeza, haciendo que se moviera la aguja y produciendo el colapso a la joven.

Cuando escuché esta historia se me clavó, como una de esas agujas que habían comido esas niñas chinas, en la mente. Me evocó a los gestos de discriminación, marginación, falta de respeto que hieren letal y silenciosamente a tantos profesionales. Da igual el momento (niñez, adolescencia, madurez) o la esfera (familia, colegio, trabajo, pareja…), las secuelas de esos desprecios que se clavan como alfileres crean inseguridades a largo plazo. Sus heridas quedan latentes, imborrables en el interior de las personas para resurgir años más tarde, inesperadamente. Cuando se está disfrutando de la vida.

Muchos alertan que la humanidad se dirige a una era en la que el humano perderá su protagonismo. Que nuestro mundo será sometido y dominado por las máquinas y los algoritmos que, con mayor inteligencia para el cálculo de alternativas y la toma de decisiones, arrebatarán poder y relevancia al hombre. Un destino que parecía imposible para el rey de la creación. Sin embargo, no parece que para su solución se cuente con la diversidad de talentos. No se subraya la importancia de la diferencia, de la necesidad de llegar a una igualdad efectiva. Se habla a menudo de la reducción de las desigualdades. Es algo que preocupa a muchos. Pero se suele pensar en términos de ricos o pobres, dejando fuera la importancia de reducir desigualdades entre géneros, etnias y otras características.

Por ejemplo, en el libro que narra la historia de la humanidad *Sapiens, de animales a dioses*, su autor, Yuval Noah Harari, dedica del total de las 456 hojas, 32 páginas a las mujeres. En su tercer libro sobre la materia, *21 lecciones para el siglo XXI*, que examina algunas de las cuestiones más urgentes de nuestro presente para el futuro, no tenemos ninguna entrada bajo la categoría «mujer», ni «género», ni «femenino». En él, las mujeres salimos tan sólo mencionadas en cuatro páginas como referencia a cómo nos tratan los judíos ortodoxos, a la prohibición a que entremos en una sinagoga, a la agresión sexual y a la persecución de gais y lesbianas. Parece que el movimiento en pro de la diversidad, que las mujeres logremos una mayor participación, no ha sido considerado suficientemente importante para incluirlo como una categoría independiente ni tampoco para dedicarle una mayor extensión. Sólo superamos por una página en mención a los Monty Python, que sí que tienen entrada independiente. Un grupo humorístico parece tener una mayor influencia en lo que será el siglo XXI que un grupo que representa el 51 % de la población mundial.

Una persona me comentó en una ocasión que, en el desierto de Joshua Tree Park, hay un cartel que explica que, en el desierto, a causa de la escasez de agua, las decisiones que toman llevan a la vida o a la muerte. Las plantas que habían sobrevivido, que eran muchas, no habían luchado contra la escasez, sino que se habían adaptado a ella utilizando sistemas inteligentísimos como hojas capaces de absorber todo el rocío de la noche o sustancias químicas que impedían a las demás posicionarse cerca de ellas para acaparar toda la humedad de un lugar. Como la llamada «mano izquierda» de la que ya nadie habla, pero que históricamente ha dado a la mujer un papel de poder casi subterráneo, como una forma de adaptación al desierto masculino —son reflexiones de la sexóloga Pilar Martin Pitto—. Esa mano izquierda y la inteligencia en la adaptación pueden ser la solución que salve a la humanidad de la irrelevancia ante el avance de las máquinas.

Las mujeres sabemos como colectivo que nuestro momento es ahora. Hemos encontrado en el grupo algo más que la inteligencia. Hemos encontrado la fuerza. Superando la rivalidad femenina sustituyéndola por un sentimiento de complicidad que nos impulsa a cooperar y apoyarnos para reclamar igualdad y denunciar injusticias. La protesta de una es la protesta de todas y la afrenta que se hace a una se hace a todas. El grupo nos hace más valientes, nos compromete a luchar por nuestros derechos, nos da energía y nos empodera. La gran incógnita es qué haremos una a una cuando dichas oportunidades se presenten.

La sociedad occidental se comprometió a principios del siglo XX a incorporar a la mujer en igualdad. Dichas buenas intenciones no se cumplieron en la medida de lo esperado y muchos hombres usaron su poder para cometer abusos sobre las mujeres. El movimiento #MeToo casi cien años más tarde de aquella promesa y las demandas del #8M en España fueron algunas voces que los denunciaron. Pidieron el cumplimiento de ese compromiso de igualdad de derechos, de adquirir poder sobre nosotras mismas y de participar, junto a los hombres, en la creación del marco de la sociedad de todos.

Una deuda nace moralmente cuando una persona o grupo de personas han recibido una atención de otra persona o grupo de personas por la que se genera un sentimiento de obligación de devolver algo del mismo valor. Este deber moral de restitución también nace para compensar un abuso no deliberado.

El abuso de poder ha generado una deuda y su deber moral de restitución. Muchas instituciones, empresas y organismos están abriendo el proceso para compensar esa deuda. Pero las mujeres también debemos hacer algo. Dar el paso al frente para solicitar el ascenso, pedir el aumento, implicarnos en las decisiones, expresar lo que necesitamos. Porque si no lo hacemos, en pocos años volveremos a estar igual. Si no participamos para cambiar las cosas, si nos contenemos y decimos que «ahora no es el momento», no la cobremos.

De no actuar ahora, la deuda se considerará saldada o, lo que es peor, que nunca existió de verdad. Cada mujer ha de actuar, no para cambiar el mundo, sino para CAMBIAR SU MUNDO. Una heroína en cada oportunidad de calidad.

Piensa en tus hijas. En las niñas. ¿También les das de comer agujas? Dime si después de lo que sabes vas a volver la mirada hacia otro lado o vas a hacer algo. Cuando se descubrió la masacre que se hacía en China, hubo quien alzó su voz para cambiarlo. Quien denunció el abuso y actuó para evitarlo. Gracias a esos héroes poco a poco esa práctica se está eliminando. Quizá todavía queda mucho, pero el camino se recorre paso a paso. Y tú, mujer, ¿vas a seguir tragando alfileres? ¿Dándoselos a otras? ¿O vas a impedir con tu acto individual y valiente que jamás, ni una sola niña, joven o mujer, vuelva a tragar otra afilada púa más? La oportunidad para cambiar la sociedad es ahora. Es tu oportunidad para cambiar tu realidad, tu mundo. Dando el paso adelante, alzando la mano, hablando. Actuando. No posponiendo ni una cosa que te importe nunca más. Porque las cosas que dejas para luego nunca más volverán. Si no aprovechas la oportunidad que nos da la historia, la que tienes delante de tus ojos, pasará. La deuda se dará por saldada y nadie volverá a brindarnos la oportunidad de participar en igualdad. Jamás.

Es ahora o nunca.

Bibliografía

Adichie, Chimamanda Ngozi, *Todos deberíamos ser feministas*, Literatura Random House, 2015.

Barbery, Muriel, *La elegancia del erizo*, Seix Barral, 2007.

Beard, Mary, *Mujeres y poder: un manifiesto*, Crítica, 2018.

Brizendine, Louann, *El cerebro femenino*, Club Círculo de Lectores, 2007.

Bueso, Silvia, *El arte de pedir para conseguir tus objetivos: saca el pedirólogo y darólogo que llevas dentro*, Editorial CulBuks, 2018.

Castanyer, Olga, *La asertividad: expresión de una sana autoestima*, Desclée De Brouwer, 2011.

Castanyer, Olga y Estela Ortega, *Asertividad en el trabajo*, Conecta, 2013.

Cialdini, Robert, *Influencia: teoría y práctica de la persuasión*, Ilustrae, 2014.

Farson, Richard, *Management of the Absurd*, Simon & Schuster, 1996. [Hay trad. cast.: *Administración de lo absurdo*, Simon & Schuster, 1997.]

Fried, Jason y David Heinemeier Hansson, *It Doesn't Have to Be Crazy at Work*, HarperCollins, 2018.

Gladwell, Malcolm, *Fuera de serie*, Taurus, 2009.

Grant, Adam, *Originals*, Penguin Publishing Group, 2016. [Hay trad. cast.: *Originales*, Ediciones Paidós, 2017.]

Han, Byung-Chul, *La sociedad del cansancio*, Herder Editorial, 2012.

Harari, Yuval, *Sapiens. De animales a dioses*, Debate, 2015.

—, *21 lecciones para el siglo XXI*, Debate, 2019.

Ibarra, Herminia, *Act Like a Leader, Think Like a Leader*, Harvard Business Review Press, 2015.

Kanheman, Daniel, *Thinking, Fast and Slow*, Editorial Farrar Straus Giroux, 2011. [Hay trad. cast.: *Pensar rápido, pensar despacio*, Debate, 2012.]

Pink, Daniel, *Vender es humano*, Gestión 2000, 2013.

Ruiz Bachs, Arancha, *El mapa de tu talento*, Be-Libris, 2014.

—, *Qué busca el headhunter*, Conecta, 2015.

Sun Tzu, *El arte de la guerra*, Edaf, 2017.

Watzlawick, Paul, *El arte de amargarse la vida*, Herder Editorial, 2013.

Wigand, Molly, *Consejos para las mamás ocupadas*, San Pablo, 1999.

Agradecimientos

Una vez un artista me dijo: «Para mí, fijar algo en el dibujo es salvarlo del influjo del tiempo. No es tanto que quiera durar yo, quiero que dure la mirada, el momento». Sentí que sus palabras servían para explicar mi propósito al escribir *Ahora o nunca*. Mantener en el tiempo los actos heroicos de tantas personas que he conocido y los aprendizajes que resultaron de ellos.

En el proceso, una de mis mayores fortalezas ha sido la amplia red de amigas, amigos y colaboradores a quien quiero agradecer la generosidad con su tiempo:

Vera Baena y Helena Torras, que han sido el ying y el yang del manuscrito, el sentido y la sensibilidad de cada capítulo. Gracias por las muchas horas que habéis dedicado a leer y comentar los borradores, enriqueciéndolos con sabios consejos.

Joan Riambau, mi editor en Conecta, por criticar de forma constructiva. Toda la vida recordaré tu consejo: «Arancha, deja de contenerte, cuando liberas tu pluma las historias emergen con fuerza». Gracias también a Carlos Martínez, el editor de mi segundo libro, *Qué busca el headhunter*, por creer en mí y por esos cafés hablando de libros y tendencias literarias. Gracias Rosa Mercader, la editora de *El mapa de tu talento*, por lo mucho que me aportas como editora y amiga.

Otros amigos lectores de borradores todavía muy verdes, y que me dieron valiosos consejos que me ayudaron a ir hacia la senda correcta: Joan Huerva, Silvia Sorribas, Bruno Vilarasau, Ana Mendi, Pilar Martín Pitto, Anna Gener, Patricia Magdalena, Pilar Minguet y Maria José Grau.

Un gran número de personas me han inspirado, en conversaciones, cuestionarios, emails y chats virtuales. Aun con mi desorden habitual, he tratado de llevar un registro de todas ellas para este momento de agradecimiento (espero que no falte nadie): Adrián Barbudo, Alain Jordá, Álex López, Alfredo Santos, Anna Bissart, Ágata Gelabertó, Ana de la Rosa, Ana Molina, Ana Muñoz, Ana Pérez, Ana Rebollo, Ana Ruiz, Ana Suárez Gamazo, Andrea Costea, Andy Stalman, Ángel Alonso Esteve, Anna Casadella, Anna Cucurull, Ana Rodríguez-Linde, Antonio Coca, Antonio Duran, Antonio López-Esparza, Arístides Senra, Argelia García, Ariadna Esteve, Augusto Méndez de Lugo, Augusto Baena, Blanca Ochoa, Brenda del Val, Bisila Bokoko, Carlos Tapia, Carlos Durán, Carlos Saldaña, Claudia Antón, Cristina Masachs, Cristina Sierra, Daniel W. Barbajosa, Daniela Freund, David Reyero, David Soler, Diego Salinas, Isabel Perea, Laura Mallo, Eduard Gil Carbó, Eduardo Munilla, Eduardo Vilarasau, Emilio Bautista, Elena Alcaide, Ernest Sánchez, Esther Levy, Esther Grávalos, Esther Paniagua, Estrella García, Eugenia Zozaya, Eugenio Olabe, Enrique Rojas, Eva Abans, Eva Blanco, Eva Collado Durán, Fernando de la Rosa, Francisco Pertíñez, Francisco Sáez, Francisco Sierra Hernando, Gemma Estrada, Jane Rodríguez del Tronco, Javier Creus, Jaume Sallarés, Javier Llaudet, Javier Ortiz-Olave, Javier Núñez de Arce, Javier Parra, Jesús Sales, Joan Clotet, Jonathan Escobar, José Antonio de la Puente, Jordi Blasco, Jorge Fernández-Argüelles, José M. Cobo, José Miguel

Baeza, Josep San Feliu, Juan Carlos Santé Serna, Juan Domínguez, Julio Latorre Viñes, Juan Lorente, Luis Badrinas, Luis Leis, Luis Mas, Luis Ortiz de Zeballos, Luis Losantos, Mar Alarcón, Mar Serrán Mora, Marcel Prunera, Marcos Bernat, María Teixidor, María Osman, Marta Vila, Marta Pitarch, Martí Adroer, Mateu Hernández, Manuel Pavón, Marta Muela, Mariano Aisa, Mercedes Romerosa, Mercedes Basso, Miranda Wilcox, Misi Borrás, Montse Guardia, Montse Vendrell, Montse Barceló, Miguel Valls, Miquel Serracanta, Mikel Sampedro, Miquel Martí, Montserrat Guàrdia Güell, Nancy Cueto, Nuria Balcells, Nacho Vilaseca, Noelia Rubio, Pablo Turletti, Pablo Vega, Patricia García-Vindorreta, Pablo Asenjo, Pablo Vega, Pedro Cuesta González, Pedro Molleda, Pilar Justicia, Ricardo Mendoza Utrera, Rocío Ortega Pelluch, Rosana Carcedo, Sabina Divosi, Sara Fernández Martínez, Salvador Ruiz Bachs, Simeón García Nieto, Silvia Bueso, Silvia Padi, Sison Pujol, Sonia Mulero, Sonia Velasco, Susana Gómez, Teresa Niubó, Txell Ripoll, Umut Melek, Vanesa Abascal, Víctor Puig, Vicente de los Ríos, Xavier Roca y Yolanda Pérez Sáez. Gracias a todos mis clientes por ser exploradores y buscar herramientas para impulsar su talento. Gracias por confiar en mí para guiarles en su proceso. Todos los héroes protagonistas de las historias son reales. Gracias a ellos por su valentía.

Gracias a mi equipo por hacer posible que pudiera dedicarme tantas horas a este proyecto: María José Grau, Yolanda Rodríguez, Alberto Flores, Fernando Ferreiro, Tania Flores (Indexando Marketing) y Marta Martino. Gracias al cowork Rambla Catalunya (Neus Inglada), Ca la María (María Inglada), el Círculo Ecuestre y el Soho House Barcelona por esos espacios donde he pasado tantas horas trabajando en el libro.

Gracias a las asociaciones a las que pertenezco. Especialmente nombraré a EJE&CON (Asociación de Ejecutivas y Consejeras), IP (red creada por Andreu Vea) y Barcelona Global, por ser siempre dinamizadores y potenciadores de una network de gran valor profesional. Gracias a mi escuela, IE Business School por inocular en mí el sentido crítico y el espíritu emprendedor, y otras escuelas y universidades que me han dado la oportunidad de conectar con sus alumnos en foros, clases y conferencias.

Mis ídolos literarios Jane Austen, Virginia Wolf y Charlotte Brontë no tuvieron hijos. He de confesar que a veces las he envidiado, imaginándomelas dedicadas exclusivamente a la creación de sus libros. Pero nunca por mucho tiempo. El reto de combinar la maternidad con el trabajo es muy duro, pero no renunciaría a él por nada del mundo. Ambos, juntos, me dan la fuerza y también el bienestar que me realizan como persona y profesional. Y la verdad es que cuento con una ventaja que ni Jane, Virginia o Charlotte probablemente tuvieron: la mía es una familia del siglo XXI en la que compartimos en igualdad las responsabilidades del hogar y el cuidado de los hijos. Gracias, Bruno, por tu amor y apoyo incondicional. Las palabras no pueden expresar la felicidad que cada día siento por despertarme a tu lado.

El último agradecimiento es el más importante. A mis hijos por comprender el sacrificio de las horas que he invertido en este libro y cuidar tanto de mí. Y también gracias por inspirarme. Sois niños pero no pequeños. En vosotros hay grandes fortalezas que me inspiran. Gracias Valeria por tu alegría, practicidad, inteligencia, empatía y valentía. Gracias Tomás por tu creatividad, sensibilidad, entusiasmo, audacia y persistencia. Gracias Oliver por tu curiosidad, agudeza, fortaleza, humanidad y generosidad.

Aquí acaba este libro. Ha sido un proceso intenso. Durante meses he sido presa de los frenos y los miedos que he descrito en él, al igual que un estudiante de medicina siente en sus carnes los síntomas de las enfermedades que analiza: me he sentido insegura, desubicada, dispersa, aislada y dubitativa. Pero al igual que los héroes que describo, los he vencido porque merecía la pena. Era mi momento.